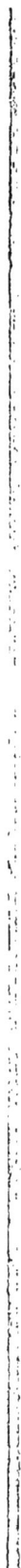

TOURVILLE

OU

LA MARINE FRANÇAISE SOUS LOUIS XIV

PAR

FRÉDÉRIC KŒNIG

TOURS

ALFRED MAME ET FILS, ÉDITEURS

BIBLIOTHÈQUE

DE LA

JEUNESSE CHRÉTIENNE

APPROUVÉE

PAR Mgr L'ARCHEVÊQUE DE TOURS

—

3e SÉRIE IN-8°

Il étend à ses pieds, d'un coup d'épée, le chef des corsaires.

TOURVILLE

OU

LA MARINE FRANÇAISE SOUS LOUIS XIV

PAR

FRÉDÉRIC KŒNIG

TOURS

ALFRED MAME ET FILS, ÉDITEURS

M DCCC LXIX

TOURVILLE

CHAPITRE I

ARRIVÉE DU CHEVALIER DE TOURVILLE A MARSEILLE.

Au mois de mai 1659, la frégate *la Vigilante*, appartenant à l'ordre de Malte, et commandée par le chevalier d'Hocquincourt, avait relâché dans le port de Marseille, pour réparer quelques avaries assez graves occasionnées par une tempête qu'elle avait essuyée dans le golfe de Lyon, et par un combat qu'elle avait soutenu contre deux frégates algériennes. D'Hocquincourt profita de son séjour à Marseille pour renforcer son équipage affaibli par ses dernières courses contre les pirates barbaresques, et il fit annoncer qu'il engagerait au service de l'ordre de Malte un certain nombre de matelots et de soldats de marine. Bien-

tôt une foule nombreuse de gens de mer se
présentèrent pour répondre à son appel; si la
besogne était rude à bord du navire de l'ordre,
on pouvait compter aussi sur de larges profits,
car les chevaliers abandonnaient généreusement
de fortes parts de prise aux hommes de leur équipage. Le commandant de *la Vigilante* ne fut donc
embarrassé que du choix, et quoiqu'il eût soin de
ne prendre que des hommes solides et éprouvés·
déjà par leurs services antérieurs, sa troupe fut
bientôt au grand complet.

Les réparations de sa frégate étaient presque
terminées, et il songeait déjà à fixer le jour où il
reprendrait la mer, lorsqu'un matin il reçut,
dans l'hôtel qu'il occupait sur le Cours, la visite
d'un jeune et beau gentilhomme qui se présenta
avec une lettre de recommandation du duc de la
Rochefoucauld (1), parent et ami du chevalier

---

(1) Le duc François de la Rochefoucauld, connu d'abord sous
le nom de prince de Marsillac, s'était signalé en diverses occa-
sions par son courage; il s'était laissé entretenir dans le parti de
la Fronde, où toutefois il ne joua qu'un rôle secondaire. Après
le mot du cardinal Mazarin, il rentra en grâce auprès de Louis XIV,
qui le nomma chevalier de ses ordres, puis gouverneur du Poitou.
Il est l'auteur du livre des *Maximes*, ouvrage qui lui donna une
grande célébrité tant à cause de la perfection du style que pour
la hardiesse des paradoxes.

d'Hocquincourt. Voici les principaux passages de cette épître : — « Monsieur et cher cousin, le « jeune homme qui vous remettra cette lettre est « mon neveu à la mode de Bretagne, — sa mère « étant ma cousine germaine. — Il se nomme « Anne-Hilarion de Tourville; il est le fils cadet de « M. César de Cotentin, comte de Tourville, au- « trefois premier gentilhomme de la chambre du « feu roi Louis XIII, et premier chambellan de « Son Altesse monseigneur le prince de Condé. De « bonne heure, la famille de notre jouvenceau l'a « destiné à la carrière des armes, et dès l'âge de « quatorze ans il a été reçu chevalier de Malte, « ainsi que vous pouvez le voir par les titres et « diplômes dont il est porteur. Quoiqu'il soit à « peine âgé de dix-sept ans, le chevalier de Tour- « ville désire commencer son service et faire ses « premières caravanes (1) sous un chef aussi « habile et aussi renommé que vous, Monsieur et « très-cher cousin. Peut-être lui trouverez-vous « un grave défaut, je veux dire son extrême jeu- « nesse; mais je puis vous assurer que c'est le « seul que je lui connaisse, et de ce défaut-là,

---

(1) On donnait le nom de *caravane* aux campagnes que les chevaliers de Malte faisaient contre les Turcs et autres infidèles.

« — vous le savez comme moi, — le temps nous
« corrige chaque jour, souvent, hélas! plus vite
« que nous ne le désirerions. — Du reste, j'ai des
« raisons de croire que déjà il rachète ce défaut
« par un vrai courage accompagné de beaucoup
« de sang-froid, et que si on lui reprochait son
« jeune âge, il pourrait répondre avec le héros
« de notre Corneille :

Je suis jeune, il est vrai; mais aux âmes bien nées
La valeur n'attend pas le nombre des années.

« J'espère donc, Monsieur et cher cousin, que,
« pour l'amour de moi, vous accueillerez favora-
« blement notre jeune chevalier, et qu'il trouvera
« en vous plus qu'un chef, mais un tuteur et un
« guide bienveillant..... »

Après avoir lu cette lettre, d'Hocquincourt
regarda plus attentivement celui qui la lui avait
présentée. C'était un jeune homme d'une taille un
peu au-dessous de la moyenne, mais bien propor-
tionnée. Sa mise était élégante, et à la dernière
mode de la cour; mais notre vieux chevalier fut
surtout frappé de la physionomie juvénile, je
dirais même efféminée du jeune novice. En effet,
un teint blanc, des cheveux blonds et bouclés,
des yeux bleus, des couleurs vives, des traits fins

et délicats, le faisaient plutôt ressembler à une jolie femme déguisée en homme qu'à un apprenti du rude métier de marin.

Cet examen, fait d'un coup d'œil rapide, ne fut pas favorable au nouveau venu, et sans la recommandation puissante sous les auspices de laquelle il s'était présenté, il est probable que d'Hocquincourt ne lui eût pas fait un accueil des plus gracieux.

« Soyez le bienvenu parmi nous, monsieur le chevalier, lui dit-il cependant d'un ton poli, mais froid ; je ne doute pas que vous n'apportiez à la noble profession que vous avez embrassée les dispositions convenables à un digne soldat du Christ, prêt à endurer pour son service les plus rudes fatigues, et à combattre vaillamment ses ennemis sur terre et sur mer. Seulement je crains qu'habitué comme vous l'avez été jusqu'ici à vivre à la cour et dans une société élégante et choisie, vous n'ayez quelque peine à vous accoutumer aux manières un peu grossières de nos marins, et surtout aux travaux et aux privations qui sont inséparables de notre métier.

— Monsieur, répondit le jeune Tourville en rougissant comme une demoiselle, et avec un ton de modestie qui ne déplut pas à d'Hocquincourt,

je savais d'avance, en sollicitant la faveur de
servir sous vos ordres, la nature des fatigues et
des travaux que j'aurais à supporter, et à quels
dangers je serais exposé; mais si vous daignez me
servir de guide, comme me l'a fait espérer mon
oncle le duc de la Rochefoucauld, je m'accoutu-
merai facilement aux uns, et, avec l'aide de Dieu,
je braverai courageusement les autres. Quant aux
manières des gens de mer au milieu desquels je
suis appelé à vivre désormais, si elles sont moins
polies que celles de la cour, elles sont aussi plus
franches, et je vous avoue que la franchise même
la plus rude a plus de prix à mes yeux qu'une
politesse raffinée qui cache trop souvent sous des
dehors trompeurs des sentiments de haine ou de
jalousie que le cœur renferme.

— Bien parlé, reprit en souriant d'Hocquincourt; je suis content de vous voir dans ces dispositions; elles vous aideront, je l'espère, à sur-
monter les difficultés inséparables d'un premier
début. Maintenant permettez-moi de vous adresser
quelques questions sur vous et sur votre famille.
— Depuis près de vingt ans que je navigue dans
les mers du Levant, sous le pavillon de l'ordre,
occupé sans cesse à guerroyer contre les infidèles,
je suis fort peu au courant des nouvelles de la

cour et des changements qui se sont opérés dans
les grandes familles, même dans celles auxquelles
je suis alliée; ainsi, dans sa lettre, M. le duc de
la Rochefoucauld me parle de madame votre
mère comme étant sa cousine, et il ne me dit pas
laquelle de ses nombreuses parentes avait épousé
monsieur votre père.

— Ma mère était une demoiselle de la Rochefoucauld, fille d'Isaac de la Rochefoucauld,
marquis de Montendre, frère du père de M. le
duc actuel de la Rochefoucauld.

— En ce cas, mon cher chevalier, — et c'est ce
que je soupçonnais, — nous sommes aussi un peu
parents; car le marquis de Montendre avait épousé
une demoiselle d'Hocquincourt, ma cousine au
quatrième ou au cinquième degré.

— Je suis heureux, Monsieur, de cette circonstance, que j'ignorais, et qui sera pour moi, j'ose
l'espérer, un titre de plus à votre bienveillance.

— Veuillez n'en pas douter; mais dites-moi,
y a-t-il longtemps que vous avez eu le malheur de
perdre monsieur votre père?

— Il y a douze ans; il est mort en 1647; et,
ajouta-t-il avec un soupir, quoique je fusse bien
jeune alors, je m'en souviens encore comme si
c'était hier.

— Vous avez un frère plus âgé que vous ?

— J'en ai deux : mon frère aîné qui a hérité du titre de comte et de la seigneurie de Tourville, et mon frère puîné, le baron, qui est entré dans l'état ecclésiastique, et est déjà pourvu d'un assez beau bénéfice. Quant à moi, dès mon enfance j'ai manifesté des dispositions pour le métier de marin. Nons habitions en Normandie un château sur le bord de la mer ; c'est là que la vue des navires qui fréquentaient ces parages m'a inspiré le goût de la navigation, et ce goût a été entretenu par un ancien officier de la marine royale, qui fut long-temps mon précepteur et qui m'a donné les premières leçons d'hydrographie, entremêlées de récits de ses longs voyages et de ses combats contre les Anglais ou les Espagnols : il m'a donné aussi les premières leçons d'escrime, de manière que je n'ai pas paru trop novice quand je me suis présenté à l'académie de Renocourt, dont j'ai suivi les exercices pendant près de deux ans (1).

(1) Dans ce temps-là on donnait le nom d'*académies d'armes*, *d'équitation*, *de danse*, etc., ou simplement d'*académies*, à des lieux où l'on se réunissait pour apprendre à faire des armes, à monter à cheval, à danser, ou tout autre exercice gymnastique. Ces académies furent célèbres sous Louis XIII et sous Louis XIV, et leur fréquentation faisait, pour ainsi dire, partie obligatoire de

— Je ne doute pas que vous n'ayez reçu l'éducation convenable à un gentilhomme de votre rang; mais comment n'a-t-on pas eu l'idée de vous faire entrer dans la marine royale plutôt que dans l'ordre de Malte; car si cet ordre est militaire, il est aussi religieux, et, — pardonnez-moi la franchise de mon observation, — à ce dernier point de vue votre éducation n'aurait-elle pas été un peu trop mondaine? »

A cette observation, notre jeune chevalier rougit, comme on dit, jusqu'au blanc des yeux. Puis, après un instant de silence, il répondit avec beaucoup de calme et sans se déconcerter : « Si la marine royale eût été ce qu'elle était autrefois pendant le dernier règne, sous le cardinal de Richelieu, ma famille aurait peut-être songé à m'y faire admettre; mais vous le savez, depuis la mort de Louis XIII et de son grand ministre, la marine, cette partie essentielle de la force de l'État, a été cruellement négligée et n'offre plus à un gentilhomme un avenir digne de lui.....

— Cela n'est que trop vrai, dit d'Hocquincourt en forme d'aparté approbatif.

l'éducation de tout gentilhomme : c'était ce qu'on appelait alors *faire son académie*.

— L'ordre de Malte, au contraire, continua de Tourville, soutient toujours dignement l'honneur du pavillon chrétien, et comme la noblesse française constitue la majeure partie des membres de cet ordre, en venant prendre rang parmi ses volontaires j'ai voulu servir tout à la fois la religion et la France, qui est la fille aînée de l'Église. Je sais bien que cet ordre est en même temps militaire et religieux, et qu'en s'y engageant on est tenu à certaines règles dont la stricte observance n'est pas toujours d'accord avec les habitudes du monde dans lequel j'ai été élevé; mais je ne suis que postulant, et par conséquent je ne suis pas encore assujetti à ces règles; je m'y soumettrai avec docilité lorsque le temps sera venu de prononcer mes vœux; jusque-là, je pense qu'il me sera permis de jouir d'une certaine liberté. »

Il y aurait eu bien des choses à dire sur cette manière d'envisager son noviciat, et d'Hocquincourt, dans un autre temps, n'y aurait pas manqué; mais, pour le moment, des circonstances particulières obligeaient l'ordre de Malte à se montrer moins sévère dans l'admission de ceux qui s'engageaient à son service, soit comme volontaires, aspirants chevaliers, soit comme simples soldats et matelots. Ce n'était même pas la tenue par trop mondaine du jeune volontaire qui avait déplu à d'Hocquincourt : c'était son air efféminé, et sa constitution qui lui semblait trop frêle et trop délicate pour pouvoir supporter les fatigues d'une campagne. « Que faire, se disait-il en lui-même, d'un muguet de cour, d'une femme- lette comme cet enfant, capable de s'évanouir au premier coup de canon qu'il entendra ? » Tel était le motif de l'accueil assez froid qu'il lui avait fait d'abord; il aurait voulu le dégoûter de s'embar- quer avec lui; mais en voyant sa fermeté, ou plutôt sa ténacité, il n'insista pas, et, comme en quittant Marseille il devait se rendre directement à Malte, il résolut de l'emmener avec lui dans cette île, et de le remettre entre les mains du grand-maître, qui prendrait une décision à son égard. Il fit part de cette résolution à Tourville, bien entendu sans lui en exposer les motifs. Il l'invita à dîner pour le lendemain, avec les prin- cipaux officiers de sa frégate, auxquels il désirait le présenter.

Après le départ de Tourville, le chevalier d'Hocquincourt ayant à envoyer un courrier au commandeur de Malte à Paris, profita de cette occasion pour écrire au duc de la Rochefoucauld et lui parler de son protégé. Il lui disait que c'était

un fort joli et charmant garçon, mais qu'il
ne le croyait pas fait pour devenir un chevalier
de Malte. « Que pourrions-nous faire, ajoutait-il,
« sur des vaisseaux armés en course, au milieu
« de marins grossiers, mais endurcis aux fatigues
« et aux privations, d'un Adonis plus propre à
« servir les dames de la cour qu'à supporter les
« attaques de la tempête ou celles de l'ennemi? »
Il l'engageait, en finissant, à user de l'influence
qu'il avait sur la famille de ce jeune homme pour
la déterminer à le rappeler et à le lancer dans une
autre carrière, persuadé qu'il n'avait ni la force
corporelle, ni l'aptitude nécessaire pour le métier
des armes, ni pour celui ne marin, moins encore
les dispositions exigées pour entrer dans un ordre
religieux et militaire.

Le lendemain, un peu avant l'heure du dîner,
le chevalier d'Hocquincourt avait réuni ses principaux officiers et volontaires, pour leur annoncer
l'arrivée d'un jeune homme d'excellente famille
qui aspirait à l'honneur d'être leur compagnon;
il leur avait fait part de l'impression que cet enfant, — car ce n'était réellement qu'un enfant, —
avait faite sur lui, avec sa toilette extravagante et
ses airs de petit-maître; il pensait que ce ne serait
pas une acquisition convenable pour l'ordre, et il

était persuadé que quand ils auraient vu le personnage, ils seraient de son avis; cependant il les engagea à lui faire un accueil des plus courtois, mais, tout en évitant de le blesser par quelques mots ou quelques railleries piquantes, de ne le point encourager dans ses projets, et même de l'en détourner par tous les moyens qu'ils jugeraient convenables, en prenant toutefois bien garde de ne pas l'offenser.

A peine le commandant de *la Vigilante* achevait-il de faire ces recommandations à ses officiers, qu'un laquais annonça d'une voix retentissante : « Monsieur le chevalier de Tourville. » Tous les regards se portèrent aussitôt vers la porte où parut à l'instant le personnage annoncé. Malgré ce qu'en avait dit d'Hocquincourt, les assistants ne purent réprimer un léger mouvement de surprise à la vue de ce jeune homme dont l'étonnante beauté avait quelque chose d'un peu trop féminin.

Que l'on se figure un visage d'un ovale parfait, un teint de neige, un front large et noble, sur lequel se dessinaient deux sourcils étroits et châtains, et au-dessous de ces sourcils deux grands yeux bleus, presque voilés par de longs cils, d'où s'échappait un regard calme et doux, un nez légè-

rement aquilin, une petite bouche, des dents
magnifiques, et une fossette au menton qui donnait au sourire du jeune homme un charme inexprimable. Ajoutons à cela les plus beaux cheveux
du monde, d'un blond cendré, qui, s'échappant
d'un large feutre à longues plumes blanches, tombaient en boucles soyeuses et parfumées sur un
magnifique col de point de Venise, et l'on aura
une esquisse de ce délicieux visage, auquel on ne
pouvait, pour ainsi dire, reprocher qu'une perfection, qu'une grâce de lignes inutiles et même
peu convenables à un homme de guerre.

Le chevalier était en outre vêtu avec plus de
soin et de recherche que la veille. Son justaucorps bleu, doublé d'incarnat, bordé d'or et d'argent, dessinait sa taille fine et souple ; ses bas de
soie cramoisie se collaient aux contours de la plus
jolie jambe qui se pût voir ; enfin la profusion
d'aiguillettes de satin et de bouffettes de ruban,
aussi cramoisi, qui couvraient son habit, la
richesse des broderies de son baudrier et la merveilleuse ciselure de sa petite épée dorée, complétaient un costume qui alors pouvait passer
pour le type de l'élégance et du bon goût.

Malgré ces dehors, indices ordinaires d'un esprit
frivole et d'une nature faible et amollie, un obser-

vateur exercé, et habitué à ne pas toujours juger
sur les apparences, aurait pu remarquer dans la
physionomie, dans la démarche, et jusque dans
les moindres gestes du nouveau venu, quelque
chose de sérieux et de réfléchi qui formait un
contraste frappant avec sa figure enfantine et sa
toilette recherchée. Cette particularité n'échappa
point, comme nous le verrons bientôt, au chevalier
d'Artigny, premier lieutenant de *la Vigilante*.

Cependant le chevalier de Tourville s'était
avancé, en saluant gracieusement, jusqu'auprès du chevalier d'Hocquincourt, qui avait fait
quelques pas à sa rencontre. Après l'échange de
quelques mots de politesse, celui-ci le présenta
à son second, le chevalier d'Artigny, puis aux
autres officiers et volontaires de *la Vigilante*,
parmi lesquels nous nommerons seulement le
chevalier de Villeneuve, de Breteuil, de Viviers
et de Folleville, parce qu'ils étaient les plus jeunes
et qu'ils se lièrent plus facilement et plus promptement avec lui. Tous appartenaient à de très-
bonnes familles; le plus âgé (d'Artigny) n'avait
pas tout à fait vingt-huit ans, et de Folleville, le
plus jeune, entrait dans sa vingt-deuxième année.
Ils accueillirent Tourville comme un des leurs,
et ils furent charmés de ses manières simples et

nobles à la fois, exemptes de toute présomption,
de toute fatuité, aussi bien que de cette timidité
gauche et embarrassée, indice d'un défaut d'esprit
ou d'usage. Les vieux chevaliers, tous guerriers à
figures bronzées par le soleil, et qui regardaient
comme la plus belle parure une simple cotte
d'armes, le ruban noir et la croix à huit pointes
de l'ordre, furent choqués à la vue de cette toilette de courtisan, et ils furent loin de faire à
Tourville un accueil aussi sympathique que les cinq
jeunes gens que nous avons nommés. L'un d'eux,
le sire de Crèvecœur, qui avait servi jadis dans
les gardes wallones, dit tout bas à d'Hocquincourt : « Est-ce que maintenant on va recruter
notre ordre de damoiseaux et de mirliflores de
cette espèce? Malte serait bientôt tombé au pouvoir des infidèles, s'il n'avait que de pareils défen-
seurs. — Rassurez-vous, mon brave Crèvecœur,
répondit d'Hocquincourt, je vous ai déjà dit mon
sentiment sur ce novice; il ne dépendra pas de
moi qu'il ne soit pas admis parmi nous, quoiqu'il
soit un peu mon parent et qu'il me soit recom-
mandé par le duc de la Rochefoucauld, son
oncle; mais c'est au grand maître et au conseil
de l'ordre à prendre une décision à ce sujet. En
attendant, nous devons traiter ce jeune homme

avec les égards dus à un hôte, et à un fils de bonne famille. »

Pendant le dîner, Tourville répondit avec modestie, et toujours à propos, aux questions que lui adressèrent d'Hocquincourt et quelques-uns des anciens; mais il eut un entretien plus suivi avec d'Artigny et de Villeneuve, entre lesquels il était placé.

Après le dîner, notre jeune chevalier demanda à d'Artigny s'il ne pourrait pas bientôt visiter *la Vigilante*. « Il est un peu tard pour aujourd'hui, répondit le lieutenant; d'ailleurs nous devons aller passer le reste de la journée à la *bastide* (maison de campagne) du commandant, où il a invité à souper quelques seigneurs provençaux de ses amis; mais, demain matin, vous pouvez disposer de moi à l'heure qui vous conviendra le mieux, et je me ferai un vrai plaisir de vous conduire à notre bord. »

La soirée se passa sans incidents remarquables. Au retour de la promenade, lorsque d'Hocquincourt se trouva seul avec d'Artigny et quelques-uns de ses officiers, il dit à son lieutenant : « Eh bien, chevalier, vous avez longtemps causé avec notre nouveau venu; qu'en pensez-vous?

— Autant qu'il est possible d'en juger après

quelques heures de conversation, je crois ce jeune homme doué de beaucoup d'instruction et de qualités essentielles. Il connaît la science nautique, par théorie, mieux qu'un grand nombre de nos officiers qui ont depuis longtemps navigué, et à cet égard peu de pilotes pourraient lui en remontrer (1). Cependant il est loin de se vanter et de faire parade de ses connaissances. Ce n'est qu'à force de questions, et en amenant plusieurs fois la conversation sur ce terrain, que je suis parvenu à reconnaître qu'il avait reçu d'excellentes leçons d'un bon maître et qu'il en avait profité.

— En résumé, d'après vos observations, croyez-vous qu'il ait une vocation sérieuse pour la marine?

— Oui, je le crois, et même je suis persuadé qu'il pourra devenir un jour un officier très-distingué.

— Fort bien, mais il ne suffit pas d'avoir des

---

(1) A cette époque les officiers de marine, même des grades les plus élevés, étaient peu versés dans la science de la navigation. La partie théorique et pratique de la navigation était de fait, à très-peu d'exceptions près, généralement abandonnée aux pilotes et aux maîtres d'équipages, qui se chargeaient, l'un de conduire le vaisseau et l'autre de le manœuvrer et de le mettre bord à bord avec l'ennemi. Une fois là, le capitaine ou l'amiral engageait le combat, soutenait bravement le choc, et souvent se faisait couler plutôt que d'amener son pavillon.

connaissances théoriques et un goût prononcé
pour notre profession, il faut être doué de forces
physiques suffisantes pour supporter les fatigues
de ce métier, et malheureusement je crains bien
que son tempérament trop délicat, trop efféminé, ne puisse jamais résister à nos rudes
labeurs.

— C'est là sans doute un obstacle sérieux, et
auquel j'ai pensé comme vous ; mais il est encore
bien jeune, son tempérament n'est pas complétement formé, et avec le temps, — si, autant
que j'en ai pu juger, il est doué d'une volonté
ferme et persévérante, — il acquerra facilement
ces forces physiques qui lui manquent et qui sont
indispensables dans une carrière comme la nôtre.

— Je vois avec plaisir, mon cher d'Artigny, la
bonne opinion que vous avez de ce jeune homme.
J'étais contrarié, je vous l'avoue, de ce que ma
première impression ne lui avait pas été favorable, et je ne serais pas fâché de revenir sur
son compte. Du reste, je m'en tiens à la résolution que j'ai prise de le conduire auprès de
notre grand maître, qui décidera sur son sort et
sur la nature des épreuves à lui faire subir avant
de l'admettre décidément dans l'ordre. En attendant je veillerai sur lui ; vous, de votre côté, con-

tinuez, je vous prie, à l'étudier sous tous les rapports, et vous me ferez part du résultat de vos observations. Je pourrai de cette manière éclairer plus sûrement l'esprit du grand maître sur le compte de ce jeune candidat. Demain vous devez le conduire, à ce que vous m'avez dit, à bord de notre frégate; vous y passerez la journée, vous aurez ainsi l'occasion de continuer la mission de confiance dont je vous charge. J'aurais désiré le recevoir moi-même à bord à cette première visite; mais des affaires importantes me retiendront ici une bonne partie du jour. Vous ne le présenterez pas officiellement à l'équipage; je me réserve de le faire après la décision du grand maître : jusque-là, il ne sera considéré à bord que comme simple passager. »

CHAPITRE II

Le lendemain, de bonne heure, le chevalier d'Artigny, accompagné des jeunes officiers dont nous avons parlé, vint trouver Tourville à son hôtellerie pour le conduire sur le port. Notre jeune chevalier les attendait, déjà paré et pomponné comme pour aller à la cour.

Après les premiers compliments, d'Artigny lui dit en lui serrant la main : « Je vois avec plaisir que vous êtes déjà prêt, quoique nous ayons devancé de quelques minutes l'heure du rendez-vous ; cela me prouve que vous aimez l'exactitude, et c'est une des premières qualités de notre métier.

— Je n'ai pas grand mérite à cette exactitude, car le désir que j'avais de me retrouver avec vous

ce matin et de visiter ensemble *votre* frégate, —
je n'ose pas dire encore *notre* frégate, — m'a tenu
éveillé une partie de la nuit et m'a fait devancer
l'heure habituelle de mon lever.

— Et c'est sans doute pour prendre patience,
dit Folleville en souriant avec finesse, qu'en nous
attendant vous avez fait une toilette comme si vous
alliez visiter une grande dame de la cour.

— Comment! répondit Tourville sur le même
ton, il me semble que *la Vigilante,* au service de
laquelle vous avez l'honneur d'appartenir, — honneur auquel j'aspire moi-même de tout cœur, —
est une assez grande dame pour qu'on ne se présente pas chez elle dans une tenue négligée, surtout la première fois qu'on obtient la faveur de lui
faire visite.

— Bien riposté, dit en riant d'Artigny...; mais,
Messieurs, ajouta-t-il plus sérieusement, ne per-
dons pas notre temps à causer; la chaloupe nous
attend, et hâtons-nous d'arriver à bord de la frégate avant que la chaleur soit plus forte. »

On se mit aussitôt en route, et une demi-heure
après la chaloupe qui portait nos jeunes chevaliers
accostait *la Vigilante* à tribord. En un instant
ils gravirent lestement l'échelle et se trouvèrent
sur le pont. Tourville exécuta cette manœuvre avec

l'agilité du marin le plus exercé, et ses nouveaux
compagnons lui en firent compliment.

La frégate était encore occupée par un grand
nombre d'ouvriers employés aux réparations, sous
la surveillance du maître d'équipage et de quelques
officiers subalternes. Il n'était resté à bord qu'une
faible partie de l'équipage pour faire le service
indispensable; le reste avait eu la permission de
séjourner à terre jusqu'au jour de l'embarquement.
L'arrivée des nouveaux venus ne donna lieu à
aucun mouvement extraordinaire, et fut à peine
remarquée, habitué que l'on était à chaque instant
à ces sortes de visites.

D'Artigny conduisit Tourville dans toutes les
parties du bâtiment, depuis la cale jusqu'aux en-
treponts et à la chambre du conseil. Nous ne les
suivrons pas dans les détails de cette visite, pendant laquelle notre jeune novice étonna souvent
ses compagnons par la justesse de ses observations
et par les connaissances qu'il montra sur l'arme-
ment et l'équipement d'un navire.

Après plus d'une heure passée à cette visite,
d'Artigny conduisit son hôte à la salle à manger,
où un copieux déjeuner les attendait. La plus fran-
che gaieté régna pendant ce repas entre ces six
jeunes gens, qui semblaient se dédommager de la

contrainte que leur avait inspirée au dîner de la
veille la présence du grave d'Hocquincourt, du
vieux Crèvecœur et des autres anciens chevaliers.
Tourville se distingua par un entrain plein de
verve et d'esprit, et acheva ainsi de s'attirer la
sympathie de ses nouveaux compagnons. Le seul
reproche qu'ils lui adressèrent fut de montrer trop
de sobriété. En effet, il ne buvait jamais de vin
pur, et lorsqu'on le pressait de goûter au moins
sans eau quelques-uns des vins fameux de Grèce
ou d'Italie qui circulaient sur la table, il trempait
seulement ses lèvres dans son verre, disant que
cela lui suffisait pour reconnaître qu'en effet ce
vin était délicieux. On le railla sur sa réserve; il
répondit par des plaisanteries pleines de sel et de
bon goût, qui finirent par mettre les rieurs de son
côté.

Après le déjeuner on monta prendre l'air sur
le pont. En promenant ses regards sur le port, où
se pressait une quantité innombrable de bâtiments
de toutes formes et de toutes grandeurs, Tourville
aperçut à quelque distance de *la Vigilante* un navire à l'ancre dont la construction avait quelque
chose de particulier qui le frappa. « Quelle est donc,
demanda-t-il aux chevaliers de Villeneuve et de
Folleville, qui se trouvaient à côté de lui, cette

espèce de goëlette mouillée dans la direction du phare ? Ce bâtiment me paraît bien taillé pour la course, et doit être un fin voilier.

— Vous ne vous trompez pas, répondit de Villeneuve : c'est le fameux corsaire *la Sainte-Ampoule*, qui sert depuis quelque temps de matelot et de mouche (1) à *la Vigilante*.

— Et qui est commandé, ajouta de Folleville, par le non moins fameux Cruvillier, le plus fougueux, le plus intrépide, le plus brutal, le plus audacieux, le plus gouailleur et le meilleur enfant de tous les capitaines corsaires qui aient jamais parcouru la mer Méditerranée.

— Vous me faites, dit Tourville en souriant, de ce capitaine Cruvillier un portrait si flatteur, que je serais enchanté de faire la connaissance de l'original.

— Rien de plus facile ; nous allons monter dans la chaloupe, et dans un quart d'heure nous serons

---

(1) On donne simplement le nom de *vaisseau matelot*, ou simplement de *matelot*, à un navire chargé de précéder un navire de guerre et de lui servir d'avant-garde. Souvent dans une escadre le vaisseau amiral est précédé d'un vaisseau matelot et suivi d'un autre ; on les nomme alors le *matelot de l'avant* et le *matelot de l'arrière*. La *mouche* est un petit bâtiment de guerre chargé d'aller à la découverte et d'observer les manœuvres de l'ennemi.

à son bord; si toutefois, ajouta–t-il en s'inclinant du côté de d'Artigny, notre lieutenant le permet, car la chaloupe ne peut pas quitter *la Vigilante* sans son ordre.

— Non-seulement je le permets, mais j'entends être de la partie et présenter moi-même M. de Tourville au capitaine *Casse-cou,* comme l'appellent les hommes de son équipage. Seulement je dois prévenir notre hôte que ce personnage, — quoiqu'il se prétende de noble extraction et signe *de* Cruvillier, — est dépourvu de toute éducation et de tout usage du monde; il ne devra donc pas se formaliser s'il entend sortir de sa bouche quelques plaisanteries de mauvais goût, telles que se les permettent quelquefois les matelots du gaillard d'avant ou les soldats dans un corps-de-garde...

— Tiens, interrompit tout à coup le chevalier de Breteuil, si je ne me trompe, nous n'aurons pas la peine de nous rendre à bord de *la Sainte-Ampoule* pour faire faire à M. de Tourville la connaissance du capitaine Cruvillier; le voilà, si j'ai bonne vue, qui vient lui-même faire une visite à *la Vigilante.* »

Aussilôt tous les regards se portèrent dans la direction indiquée par Breteuil, et l'on reconnut

la chaloupe de *la Sainte-Ampoule*, montée par
dix vigoureux rameurs, ayant Cruvillier à la barre,
et s'avançant rapidement le cap sur la frégate.

Au bout de quelques minutes d'attente, la chaloupe accosta *la Vigilante*, et bientôt le capitaine
corsaire parut au haut de l'échelle. Tous nos jeunes
gens, d'Artigny en tête, s'étaient portés à sa rencontre. Tourville ne pouvait se lasser de regarder
ce personnage, dont la mine et l'accoutrement
étaient en parfait rapport avec le portrait qu'en
avait tracé M. de Folleville.

Cruvillier était un homme d'une quarantaine
d'années au plus, d'une taille assez élevée, aux
épaules carrées, aux formes athlétiques; une barbe
noire ombrageait une partie de sa figure et couvrait la moitié de ses joues; ses yeux gris, cachés
sous d'épais sourcils, semblaient parfois lancer
des éclairs; ses cheveux, noirs comme sa barbe,
mais mêlés déjà de quelques mèches grisonnantes,
étaient retenus dans une espèce de résille espagnole; il était vêtu d'une veste de drap brun, ou-
verte par devant, et laissant voir une chemise de
laine rouge; ses hauts-de-chausses consistaient en
une sorte de futanelle grecque, à larges plis, qui
allaient en se rétrécissant jusqu'au bas des jambes.
Une large ceinture rouge, soutenant un poignard

et une paire de pistolets, complétait le costume du corsaire.

« Salut au noble capitaine de *la Sainte-Ampoule*, dit avec une certaine emphase le chevalier d'Artigny, en tendant la main au nouveau venu : quel bon vent l'amène en nos parages ? Dans tous les cas, qu'il soit le bienvenu !

— Bonjour, chevalier, répondit d'un ton assez brusque Cruvillier, en serrant la main qu'on lui présentait ; bonjour, Messieurs. Où est votre capitaine ? Le désir de lui parler est le seul vent qui m'amène à votre bord.

— Le chevalier d'Hocquincourt n'est pas ici ; il est resté à terre, où des occupations sérieuses doivent le retenir toute cette journée.

— Que le mistral l'étouffe, votre vieux caïman de capitaine ! Ah çà, est-ce qu'il prétend nous faire pourrir dans le port de Marseille ? Je venais lui demander quand il compte enfin nous faire sortir de ce trou, qui est bien le plus sale trou que je connaisse, et où mes hommes et moi nous nous ennuyons à mort.

— Mon Dieu, capitaine, soyez persuadé que M. d'Hocquincourt et nous, nous ne nous amusons pas plus ici que vous ; mais vous savez bien que notre frégate avait besoin de réparations urgentes,

et nous ne pouvions reprendre la mer avant leur
entier achèvement. Vous voyez que nous ne per-
dons pas de temps, et que nous employons à ce
travail autant d'ouvriers que cela est nécessaire.

— Oui, parlons-en de vos ouvriers, c'est quelque chose de propre! Je vois un tas de barbouil-
leurs et décorateurs qui peinturlurent et redorent
la galerie de poupe et la statue de la proue : est-ce
que ce sont là des travaux urgents? Est-ce que
quand votre frégate sera bien pimpante, bien
dorée, ses canons porteront plus juste et plus
loin?... *La Sainte-Ampoule* était au moins autant
avariée que *la Vigilante;* eh bien, en moins de
quinze jours, avec mon charpentier et trois ou
quatre de ses camarades du port, puis avec une
dizaine de bons calfats, j'ai radoubé proprement
ma goëlette, et je l'ai mise en état de tenir la mer
comme le jour où elle est sortie du chantier pour
la première fois, tandis que vous autres, avec le
double d'ouvriers, vous avez passé plus d'un mois
à faire la même besogne; et maintenant qu'elle est
finie, voilà que vous vous mettez à requinquer
votre frégate, comme s'il s'agissait d'aller à une
revue de parade, au lieu d'aller en course contre
les Turcs. Je vous le dis franchement, comme je le
dirais à votre capitaine s'il était là, toutes ces

lanterneries me fatiguent, et vous ne serez pas
surpris si un de ces beaux matins *la Sainte-Ampoule*, profitant de la brise, met tout à coup ses
voiles au vent, pour aller en haute mer respirer
le grand air, en vous laissant ici vous débarbouiller
avec vos badigeonneurs et vos peintres, qui vous
en font voir de toutes les couleurs.

— Allons, allons, mon brave Cruvillier, vous ne
jouerez pas un si vilain tour à notre capitaine, qui
vous aime et vous estime comme vous le méritez.

— Et pourquoi ne le jouerais-je pas? Il m'avait
dit que notre relâche durerait un mois au plus,
et en voilà bientôt deux que nous sommes mouillés
ou plutôt embourbés dans ce maudit port. C'est
par trop se moquer, vous en conviendrez, et ce
n'est pas un vieux loup de mer comme moi qu'il
faut essayer d'amuser avec des sornettes, si l'on
ne veut pas s'exposer à ce qu'il montre les dents.

— Calmez-vous, brave capitaine; vous savez
bien que dans une relâche de cette nature, on
n'est jamais sûr du temps qu'on sera forcé d'y
consacrer; outre les autres grosses avaries qu'a-
vait éprouvées la frégate, et qui ont été réparées
dans un aussi bref délai que possible, on a reconnu
la nécessité de changer quelques distributions in-
térieures qui étaient défectueuses : c'est le travail

dont on s'occupe en ce moment, et pendant qu'il
s'achève, on a jugé utile de repeindre l'extérieur de
la frégate, non par coquetterie, mais parce que
la peinture, comme vous le savez, conserve le bois
des vaisseaux. Du reste, tous ces travaux seront
terminés avant huit jours, et, à partir de la se-
maine prochaine, nous n'attendrons plus qu'un
vent favorable pour appareiller. J'espère que vous
aurez la patience d'attendre jusque-là; soyez tran-
quille, j'ai tout lieu de croire que notre campagne
sera bonne, et que nous réparerons largement le
temps perdu.

— Si j'étais sûr que votre frégate sera réellement *parée* (1) dans huit jours, j'attendrais encore
jusque-là; mais...

— Pas de mais, interrompit vivement d'Artigny; tout sera prêt comme je vous le dis; nous
partirons ensemble, et gare au premier pavillon
à croissant que nous rencontrerons sur notre route!
Maintenant que nous sommes d'accord, si nous
buvions une bouteille de vin de Chypre au succès
de notre prochaine campagne, cela vous contra-
rierait-il? »

---

(1) *Paré*, en terme de marine, signifie préparé, prêt à tenir la
mer et à combattre.

A cette proposition, la figure de Cruvillier, jusque-là sombre et renfrognée, changea tout à coup et reprit un air presque gracieux.

« Du vin de Chypre! s'écria le corsaire, ça n'est pas de refus. Vous êtes un démon tentateur, chevalier d'Artigny; j'étais fort en colère en arrivant ici, et voilà que rien qu'en me parlant de vin de Chypre l'accalmée a succédé à la tempête. »

C'était bien ce qu'avait prévu le lieutenant de *la Vigilante*.

« Eh bien, reprit le chevalier, voulez-vous que nous descendions dans la grand'chambre?

— Non, non, je préfère rester sur le pont au grand air; d'ailleurs je ne puis m'arrêter qu'un instant, et d'ici, tout en dégustant un verre de vin, j'aurai l'œil sur *la Sainte-Ampoule;* car j'ai là un tas de flibustiers qu'il est bon de ne pas perdre de vue une minute.

— Comme il vous plaira, capitaine; » et il fit signe à un domestique, qui apporta, un instant après, un panier de bouteilles et des verres. D'Artigny présenta à Cruvillier une coupe, ou plutôt un hanap, qu'il remplit jusqu'aux bords. Les chevaliers prirent des verres plus petits, et le corsaire, après avoir salué à la ronde, s'écria :

« A votre santé, Messieurs, et à notre première

victoire sur le turban! » et d'un trait il avala le
contenu de son hanap. Les chevaliers l'imitèrent,
à l'exception de Tourville, qui, selon son habitude, ne fit que mouiller ses lèvres dans son verre
et le reposa sur la table.

Cruvillier s'en aperçut et dit tout bas à d'Artigny : « Quelle est donc cette espèce de blondin qui
commet l'incongruité de ne pas répondre à la
santé que je viens de porter?

— Il ne faut pas vous en offenser, répondit le
chevalier sur le même ton; c'est un jeune homme
arrivé récemment de Paris; il n'a jamais navigué
et ne connaît pas encore les usages des marins. Je
vais vous le présenter, car nous lui avons parlé de
vous, et il désire vous connaître. Puis, élevant la
voix, il dit en montrant le jeune novice : « Capitaine Cruvillier, j'ai l'honneur de vous présenter
monsieur le chevalier de Tourville, pour le moment passager à bord de *la Vigilante*, mais qui
aspire à l'honneur d'y servir bientôt comme marin.»

Tourville s'inclina en rougissant.

Cruvillier lui rendit son salut d'un air goguenard, puis s'adressant à d'Artigny : « Ah çà, mon
lieutenant, dit-il, en clignant de l'œil d'une manière qui lui était particulière, est-ce que par hasard vous vous figurez que j'ai la berlue ?

— Que voulez-vous dire, capitaine? répondit d'Artigny d'un air étonné.

— Je veux dire, mon camarade, que vous voulez vous gausser de moi quand vous me présentez cette personne comme un chevalier : c'est *chevalière* que vous auriez dû dire ; car, Dieu merci, j'y vois assez clair pour reconnaître que c'est une demoiselle habillée en damoiseau, à preuve qu'*elle* a refusé de boire son verre de vin. »

A cette explication inattendue, tout le monde éclata de rire, et Tourville partagea l'hilarité générale. Mais Cruvillier voulut offrir son hommage à la *jeune demoiselle*.

Tourville le repoussa vivement et le fit reculer en disant : « Plaisantez à distance tant que vous voudrez, Monsieur, je ne m'en fâcherai pas; mais je vous défends de me toucher.

— Mille caronades! s'écria Cruvillier, *elle* a une poigne solide, *la belle blonde*...; c'est égal, je n'en aurai pas le démenti;» et il s'approcha de nouveau de Tourville et voulut le prendre par le bras. Celui-ci, se reculant d'un pas, lui détacha alors un soufflet si nerveusement appliqué, que les joues couleur de brique du vieux corsaire en pâlirent.

Ce fut un vrai coup de théâtre. Les éclats de rire cessèrent aussitôt, car chacun comprit que la

scène allait tourner au sérieux. Tourville, pâle et
contenant à peine son émotion, restait immobile,
les yeux fixés sur Cruvillier, la main droite sur la
garde de son épée, prêt à dégaîner au moindre
mouvement de son adversaire. Cruvillier, étourdi
un instant, restait comme stupéfait d'une insulte
aussi audacieuse; puis ses yeux s'injectèrent de
sang, un horrible blasphème s'échappa sourde-
ment de ses lèvres, et, saisissant le poignard qu'il
portait à sa ceinture, il allait s'élancer contre le
chevalier, qui déjà avait tiré son épée et lui en
présentait la pointe haute; mais en même
temps d'Artigny, Villeneuve et Villiers saisirent
le corsaire à bras-le-corps en cherchant à le dés-
armer et surtout à le calmer, tandis que Breteuil
et Folleville s'efforçaient d'entraîner Tourville
hors de la vue de son adversaire furieux. «Laissez-
moi, criait le corsaire à ceux qui le retenaient; je
veux écraser ce moucheron qui a osé lever la main
sur moi...; jamais personne n'a frappé Cruvillier
sans avoir été puni de mort...; et je ne me ven-
gerai pas d'un morveux de cette espèce!... Lais-
sez-moi, vous dis-je, que je lui coupe au moins les
oreilles et le nez... »

De son côté, Tourville disait à Breteuil et à Folleville : « Pourquoi m'emmener? j'aurais l'air de

fuir devant lui... — Mais songez donc, disait Breteuil, qu'il est fort comme un taureau, qu'il vous briserait les membres. — Sans doute, reprit Tourville, je ne prétends pas avoir des muscles aussi solides que les siens, ni je n'ai l'intention de lutter avec lui comme un crocheteur ; mais, ajouta-t-il, faisant céder sa conscience à une fausse honte, s'il est gentilhomme, comme il le prétend, je consens à lui donner la seule satisfaction qui convienne à un homme bien né.

— Eh bien, j'accepte, s'écria Cruvillier quand il entendit cette proposition ; et que ce soit sur-le-champ. »

Il fallut bien en venir à cet arrangement. On convint de descendre à terre aussitôt. La chaloupe de la frégate, portant Tourville et les chevaliers, et celle de *la Sainte-Ampoule* avec Cruvillier et ses rameurs, sortirent bientôt du port et abordèrent sur la grève, dans un endroit isolé. Les témoins de Tourville furent MM. d'Artigny et de Villeneuve ; Cruvillier choisit deux hommes de son équipage pour lui servir de seconds. Des épées de combat, véritables et solides rapières, furent mesurées et remises entre les mains des deux adversaires.

Cruvillier était un vieux reste de ces dangereux spadassins de l'école vénitienne, qui joignaient la ruse à la force, et connaissaient toujours des bottes secrètes infaillibles. C'était là ce qui effrayait les amis de Tourville; cependant ils furent un peu rassurés quand ils le virent tomber en garde, non-seulement avec grâce, mais avec un sang-froid et un aplomb qui contrastaient avec l'emportement tapageur et les menaces furibondes du corsaire.

Bientôt les fers se croisent; des passes brillantes et hardies se succèdent des deux parts. Cruvillier, étonné d'une résistance à laquelle il ne s'attendait pas, écume de rage et redouble ses attaques, entremêlées de cris et de menaces pour effrayer son adversaire. Celui-ci, toujours calme, pare avec une adresse admirable tous les coups qui lui sont portés; puis, tout à coup, prompt comme l'éclair, il se fend, et son fer pénètre profondément dans le corps de son adversaire.

« Touché! s'écrie Cruvillier avec un horrible blasphème; puis il ajoute d'une voix plus faible: «Oui,... bien touché: par un blanc-bec encore!... Aussi c'est ma faute!...» En disant ces mots, son épée échappe de ses mains, et il serait tombé lourdement à terre si ses deux témoins ne l'eussent soutenu, et ne l'eussent fait asseoir contre un rocher voisin. »

Tourville, à la vue du sang qui coulait abondamment de la blessure de son adversaire, jette au loin son épée, et s'écrie avec l'accent de la plus profonde douleur : « O mon Dieu ! mon Dieu ! quel malheur ! »

Cependant d'Artigny s'était approché du blessé, et s'était empressé d'étancher le sang qui sortait de sa blessure, et même d'y poser un premier appareil, en attendant l'arrivée du chirurgien, qu'il avait envoyé chercher en toute hâte.

Pendant ce temps-là, Folleville et Breteuil emmenaient Tourville par la route de terre à l'hôtellerie où il était descendu. Comme il continuait à se lamenter du malheur qui lui était arrivé, ses amis cherchaient à le consoler, en lui disant : « Nous ne voyons pas ce qui peut vous affliger ainsi : vous vous êtes conduit en parfait gentilhomme, en homme d'honneur ; vous avez fait preuve d'un courage et d'un sang-froid admirables ; vous avez gagné l'estime de tous ceux qui ont été témoins de votre manière d'agir en cette circonstance : l'insolent qui vous avait brutalement insulté a reçu la punition qu'il s'était attirée ; qu'y a-t-il là qui puisse vous causer une si grande douleur ?

— Il y a, Messieurs, répondit Tourville, que je viens de manquer à la promesse que j'ai faite à

Dieu en recevant l'épée de chevalier. J'ai juré de
ne la tirer jamais que contre les ennemis de Dieu
ou du roi, et voilà que le premier sang que je ré-
pands est le sang d'un chrétien et d'un Français!

— Oh ! si ce n'est que cela qui vous tourmente,
s'écria Folleville d'un ton goguenard qui lui était
habituel, vous pouvez vous tranquilliser : Cruvillier est un homme qui n'a ni patrie, ni religion.

— Vous avez tort, Folleville, reprit Breteuil d'un ton grave, de plaisanter sur un pareil
sujet. Je conçois le scrupule de M. de Tourville,
et, quoique je le trouve exagéré, je ne saurais le
blâmer. Un duel, quelque légitime qu'il paraisse
aux yeux du monde et d'après nos mœurs ac-
tuelles, est toujours un acte contraire à la loi de
Dieu et de son Église; et puisque c'est le malheur
d'avoir enfreint cette loi qui cause l'affliction de
notre ami, nous devons respecter sa douleur, et
chercher à lui donner d'autres consolations que
celles qui sont à l'usage du monde, et qui sont
basées sur ce qu'on est convenu d'appeler le point
d'honneur. »

Un silence de quelques instants suivit ces paroles de Breteuil. Nos trois jeunes gens continuaient à s'avancer d'un pas rapide dans la direction de la ville. Déjà ils avaient atteint les premières

maisons des faubourgs, lorsqu'ils furent rejoints par Villiers, qui s'écria en les apercevant : « Dieu merci! vous voilà; quoique j'aie pris un chemin plus court, et que je sois venu d'un bon pas, j'ai cru que je ne parviendrais pas à vous atteindre.

— Nous apportez-vous quelque nouvelle de là-bas? demanda Breteuil.

— Certainement, et de bonnes : c'est pour cela que M. d'Artigny m'a dépêché en toute hâte après vous. Le chirurgien est arrivé peu de temps après votre départ. Après avoir attentivement examiné et sondé la blessure, il a reconnu qu'aucun organe essentiel n'avait été lésé, et il pense que s'il ne survient pas de complications imprévues, Cruvillier sera promptement rétabli.

— O mon Dieu, je vous rends grâces! s'écrie Tourville avec un soupir de soulagement.

— Je m'en doutais, dit Folleville en souriant : ces corsaires ont l'âme chevillée dans le corps.

— Quand il est revenu à lui, continua de Villiers, — car il avait tout à fait perdu connaissance, — il a dit en nous voyant autour de lui : « Eh bien, où est donc la blonde ou plutôt le blondin au coup d'épée? Je suis fâché de ne pas le voir ici pour lui dire que je ne lui en veux pas le moins du monde; veuillez, Messieurs, le lui répéter de ma part, et ajouter que je le regarde comme un brave garçon que j'estime et dont je serais fier d'obtenir l'amitié. » Là-dessus M. d'Artigny, qui avait remarqué l'impression douloureuse qu'avait causée cet événement à M. de Tourville, m'a chargé de venir vous apporter cette nouvelle, pensant qu'elle vous ferait plaisir.

— Merci, Monsieur, merci mille fois à vous et à M. d'Artigny, s'écria Tourville en serrant la main de M. de Villiers; vous ne pouviez pas m'apprendre une nouvelle plus agréable; il me semble que l'on m'ôte un poids énorme qui oppressait ma poitrine.

— M. d'Artigny m'a chargé aussi de vous dire de rester à votre hôtellerie jusqu'à ce qu'il ait rendu compte au commandant d'Hocquincourt de cette affaire. Il viendra vous trouver ensuite, vous apportera des nouvelles du blessé, et vous fera part du résultat de son entrevue avec M. d'Hocquincourt. »

Tourville remercia de nouveau le chevalier de Villiers, et le pria de l'accompagner avec ses deux autres amis jusqu'à son hôtellerie.

CHAPITRE III

Quelques jours après les événements que nous avons racontés dans le chapitre précédent, le chevalier d'Hocquincourt écrivait au duc de la Rochefoucauld une lettre dont nous allons extraire quelques passages :

« Monsieur le duc,

« Vous aviez raison en comparant au Cid de
« Corneille le jeune protégé que vous m'avez re-
« commandé, et dont j'avais conçu tout d'abord
« une si fâcheuse opinion, ainsi que je vous l'ai
« marqué dans une lettre que j'ai eu l'honneur de
« vous adresser ces jours derniers. Il m'a promp-
« tement forcé à revenir sur son compte, et cela

« me prouve une fois de plus que vous savez bien
« mieux que moi juger les hommes; aussi je ne
« m'aviserai plus désormais de vouloir réformer
« un jugement que vous aurez porté. Oui, ce
« jeune damoiseau que je regardais comme un
« Adonis bon tout au plus à servir de page à une
« princesse, eh bien ! on peut dire de lui que

« Ses pareils à deux fois ne se font pas connaître,
« Et pour des coups d'essai veulent des coups de maître.

« Ecoutez pour preuve l'aventure qui vient de
« lui arriver. »

Ici d'Hocquincourt racontait tout au long ce
qui s'était passé sur le pont de la frégate entre de
Tourville et Cruvillier et le duel qui s'en était
suivi. Son récit se terminait ainsi :

« Lorsque mon lieutenant fit le rapport de cette
« affaire, je fus d'abord tout bouleversé en pen-
« sant à l'issue fatale qu'aurait pu avoir cette
« aventure, et je blâmai fort M. d'Artigny, — lui
« qui connaissait la grossièreté et la brutalité de
« Cruvillier, — d'avoir exposé le chevalier de
« Tourville au contact de ce bizarre et fort peu
« civilisé personnage. Mais maintenant que tout
« s'est passé pour le mieux, je vous avoue que je
« me félicite *in petto* de ce qui est arrivé; d'abord

« parce que cela a mis au jour les qualités réelles

« du chevalier de Tourville, qualités que nous

« étions loin de soupçonner, et qui lui ont valu

« sur-le-champ l'estime de tous les officiers et

« l'admiration de tous les équipages des bâtiments

« qui sont en ce moment dans le port de Mar-

« seille. Pour moi, ce qui m'a le plus touché, ce

« n'est ni la vaillance, ni le sang-froid, ni l'adresse

« dont il a fait preuve : ces qualités sont celles de

« tout gentilhomme bien né ; seulement, en rai-

« son de son âge et de son apparence débile, je

« ne les croyais pas encore développées chez lui

« à ce point. J'ai donc été agréablement surpris

« en apprenant sa brillante conduite dans cette

« affaire ; mais ce qui m'a plus particulièrement

« ému, c'est la douleur qu'il a montrée en voyant

« couler le sang de son adversaire ; c'est le regret

« qu'il a éprouvé d'avoir commis une action dont

« chacun le félicitait, et qui chez lui excitait des

« remords, parce qu'elle était contraire à la loi

« divine. Cela me prouve qu'il y a dans son cœur

« de la sensibilité et des sentiments vraiment chré-

« tiens ; voilà ce qui excite mon admiration et

« toute ma sympathie pour ce jeune homme, qui,

« j'en ai la conviction, sera une précieuse acqui-

« sition pour notre Ordre. »

Un autre motif de satisfaction qu'éprouvait d'Hocquincourt, et dont il ne parle pas au duc, c'est qu'au fond il n'était pas fâché de la leçon qu'avait reçue *son matelot,* et qui le ferait rabattre, pensait-il, de sa jactance habituelle.

Du reste, tout dans cette affaire se passa le mieux du monde. Cruvillier en fut quitte pour garder le lit une quinzaine de jours, au bout desquels il entra en pleine convalescence, ce qui dura encore à peu près autant, et retarda de près d'un mois le départ des deux navires. « J'étais furieux contre vous, capitaine, dit-il un jour à d'Hocquincourt, qui était allé lui faire une visite pendant qu'il était encore retenu dans son lit; j'étais furieux des lenteurs que vous apportiez à notre départ, sous prétexte de réparations à votre frégate; et ne voilà-t-il pas que c'est moi maintenant qui retarde notre appareillage, parce que j'ai eu la bêtise d'attraper une avarie dans mes œuvres vives, et cela par le fait d'un blanc-bec que je ne croyais pas de force à tenir une épée de combat. Comme ça vous a la mine trompeuse! Savez-vous, capitaine, que votre jeune novice, avec sa figure de jeune fille et ses airs de sainte nitouche, a le cœur et le poignet solides, et que cela fera un rude ferrailleur? Il m'a piqué de main de maître, je l'a-

voue, moi qui ai lutté avec avantage contre les
premiers bretteurs de Venise, de Naples et de
Gênes; mais je ne lui en veux pas pour cela,
vous pouvez le lui dire de ma part : au contraire,
il a toute mon estime, et, si l'occasion s'en présente, je lui montrerai qu'il a en moi un véritable
ami. »

En effet, depuis ce jour-là, Cruvillier manifesta
toujours son affection sincère pour Tourville, qu'il
ne cessait d'appeler *sa jolie blonde au coup
d'épée.*

Quelque temps après, la frégate d'Hocquincourt partit en compagnie de celle de Cruvillier,
alors tout à fait guéri. Tourville était à bord de *la
Vigilante,* non comme passager, mais comme volontaire, car maintenant d'Hocquincourt ne songeait plus à lui contester ce dernier titre, et tous
les officiers se faisaient une gloire de le compter
dans leurs rangs. Comme l'avait dit d'Hocquincourt dans sa lettre au duc de la Rochefoucauld,
Tourville, depuis son duel, grâce au misérable
préjugé qui cependant n'a rien de commun avec
le véritable sentiment de l'honneur, avait singulièrement gagné dans l'esprit de tout le monde;
personne désormais ne se fût avisé de lui adresser
la moindre plaisanterie déplacée; tous les officiers

recherchaient son amitié, et tous les hommes de
l'équipage, depuis les *gourmettes* (1) jusqu'aux
maîtres, l'avaient en singulière vénération. Un
vieux pilote qui se piquait d'érudition le com-
parait à David combattant Goliath ; « seulement,
ajoutait-il, c'est dommage qu'il n'ait pas traité
le capitaine *Casse-cou* comme David traita son
Philistin. » Il paraît que ce pilote n'aimait pas
Cruvillier.

Le vieux Crévecœur seul formait disparate
dans ce concert d'éloges et d'admiration. « Je ne
vois pas, disait-il, qu'il y ait de quoi s'enthousias-
mer à ce point pour un malheureux coup d'épée.
Le hasard peut y être pour beaucoup ; mais j'ad-
mets que ce soit l'adresse et la science de l'escrime, cela ne prouve pas toujours le courage ; car
j'ai connu dans ma vie bon nombre d'adroits spadassins qui étaient les plus lâches des hommes,
qui n'auraient pas osé figurer dans un combat sérieux sur terre, et encore moins sur mer, mais qui
ne refusaient jamais de se battre en champ clos,

(1) A cette époque on donnait le nom de *gourmettes* à des
hommes de peine que l'on engageait à bord des navires pour
aider les matelots aux travaux les plus grossiers. Les gourmettes
faisaient dans la marine à peu près les mêmes fonctions que les
goujats dans l'armée de terre.

parce qu'ils étaient sûrs de leurs coups. Je ne dis pas cela pour M. de Tourville, dont je suis loin de suspecter la bravoure; seulement je dis qu'il faut pour l'apprécier une preuve plus concluante qu'un duel heureux. » Ces propos furent rapportés à Tourville, qui répondit en souriant : « M. de Crévecœur a raison; ma rencontre avec Cruvillier ne prouve rien; je désire de tout mon cœur qu'il se présente bientôt une occasion de la nature de celles dont il parle, afin que je puisse me réhabiliter tout à fait à ses yeux et mériter enfin son approbation. »

Dès que l'on fut embarqué, Tourville, quoiqu'il n'eût pas à faire de service obligatoire, ne resta pas oisif. Il voulut s'exercer à toutes les parties du métier de marin ; plus agile qu'aucun matelot, il grimpait jusque dans le haut des mâts, courait sur les vergues, carguait les voiles; ou bien il prenait part aux manœuvres de force, et l'on était étonné de la vigueur, de la souplesse et de l'adresse qu'il déployait dans tous ces exercices. Seulement il mettait des gants pour ne pas gâter ses mains, et s'attachait sur la tête un large feutre pour ne pas hâler son teint; puis, quand ses exercices étaient terminés, il se faisait peiguer, parfumer et habiller par son valet de chambre. On rit d'abord de ces petits travers, puis on finit par n'y plus faire attention.

Au bout de huit jours de navigation, on jeta l'ancre dans le port de la Valette, capitale de l'île de Malte. D'Hocquincourt, au moment où il allait mettre pied à terre pour se rendre auprès du grand maître, reçut un message de ce haut dignitaire qui lui ordonnait d'abréger autant que possible sa relâche dans le port, et de se préparer à aller combattre deux croiseurs turcs qui étaient signalés dans la passe de Venetica et de Carrera, où ils attendaient cinq riches bâtiments génois qui devaient sortir bientôt du golfe de Venise.

D'Hocquincourt répondit que ses navires étaient tout prêts, qu'à l'instant il allait lever l'ancre et se mettre à la poursuite des corsaires; qu'il aurait l'honneur de présenter ses hommages à Son Excellence le grand maître au retour de cette expédition.

Lorsque d'Hocquincourt eut fait part de cette nouvelle aux deux équipages, ce fut un cri de joie, un élan général. En un instant les ancres furent remontées sur les bossoirs, les navires eurent appareillé, et bientôt ils s'avancèrent dans la direction indiquée, tout en faisant le branle-bas gé-

néral de combat (1). Au bout de quelques heures
de navigation, Cruvillier, qui formait l'avant-
garde avec sa goëlette *la Sainte-Ampoule*, si-
gnale deux vaisseaux sous le vent à lui, et met en
panne (2) pour attendre d'Hocquincourt; car *la
Vigilante* marchait beaucoup moins bien que *la
Sainte-Ampoule*. Les Turcs, voyant la manœuvre
des chrétiens, revirent de bord, et chacun se pré-
pare au combat.

D'Hocquincourt, qui observait Tourville en ce
moment, a souvent raconté depuis que ce jeune
homme ne manifesta pas la moindre émotion à
l'approche d'un danger si nouveau pour lui; qu'il
ne fit autre chose que de tirer de son sein un reliquaire qu'il baisa dévotement; puis, ayant fait
le signe de la croix, il remit le reliquaire dans son
justaucorps, boucla ferme son ceinturon, s'arma
d'une bonne cuirasse d'acier et d'un morion ou
casque sans panache bien luisant, remonta haut
ses belles bottines de daim blanc à talons de cui-
vre doré, et fut se placer à la belle (1) par ordre
d'Hocquincourt.

(1) On appelle branle-bas de combat l'action de tout disposer
pour le combat.

(2) *Mettre en panne,* c'est suspendre la marche d'un vaisseau
au moyen d'une manœuvre particulière.

(3) On appelait *la belle* l'espace qui s'étend entre les haubans

Cependant les deux vaisseaux turcs, s'étant avancés jusqu'à portée de canon, lâchèrent toute leur bordée sur d'Hocquincourt et Cruvillier; mais ceux-ci, au lieu de répondre au feu de l'ennemi, s'approchent de ses bâtiments vergue à vergue, puis tout à coup font éclater à la fois et à bout portant artillerie, mousqueterie, pierriers, en même temps qu'ils font pleuvoir une grêle de grenades sur les ponts des Turcs. Le bâtiment qui attaquait *la Sainte-Ampoule* tâche de s'élever au vent afin de combattre plus facilement avec son artillerie; Cruvillier le suit de près et s'efforce de le rejoindre. Pendant ce temps-là, le bâtiment qui attaquait *la Vigilante,* n'ayant pu se dégager de ses étreintes, tente l'abordage et y réussit.

En un instant le pont de la frégate fut inondé de barbares, qui, animés par leurs chefs, se ruèrent avec rage sur les Français. Au premier choc ceux-ci furent repoussés, et plusieurs d'entre eux tombèrent frappés mortellement; bientôt les assaillants s'arrêtèrent devant un retour offensif et vigoureux des Français : c'était le chevalier de Tourville, qui, à la tête des plus braves de l'équipage, attaquait à son tour les infidèles avec cette

de misaine et d'artimon : c'est dans cet endroit que les Turcs tâchaient toujours d'aborder les vaisseaux chrétiens.

furia francese à laquelle il est si difficile de résister. Le capitaine turc, indigné de voir ses hommes reculer devant un enfant, se précipite sur lui le cimeterre à la main; Tourville pare le coup et riposte par un coup de pointe qui étend mort le Turc à ses pieds. En voyant tomber leur chef, les barbares se hâtent d'abandonner la frégate, après avoir perdu un grand nombre des leurs. Ils coupent les amarres de leurs grappins, et s'efforcent de prendre le large pour aller rejoindre leur conserve, qu'avait cessé de poursuivre Cruvillier pour venir au secours d'Hocquincourt, qu'il croyait en danger.

Bientôt *la Sainte-Ampoule* s'approcha de *la Vigilante*, et Cruvillier vint à bord de la frégate pour rendre compte à d'Hocquincourt du combat qu'il venait de soutenir et se concerter avec lui sur ce qu'il y avait à faire.

« Le but principal de cette mission est atteint, dit d'Hocquincourt; le passage est libre, et les bâtiments génois peuvent sortir maintenant et continuer leur voyage. Il n'y a pas de danger que les deux corsaires qui les guettaient songent à les attaquer; ils songent plutôt à nous échapper et à aller quelque part réparer les avaries que nous leur avons faites.

— Oui, reprit Cruvillier; mais il n'y a dans ces parages aucun port où ils puissent aborder, car tous les havres les plus proches appartiennent à la république de Venise; ils sont obligés, pour trouver un abri sûr, de gagner la côte d'Afrique ou celle de Morée, et si nous leur appuyons une chasse vigoureuse, nous parviendrons probablement à les atteindre et à nous emparer au moins de l'un, sinon de tous les deux.

— C'est bien aussi mon intention, répondit d'Hocquincourt; seulement il s'agit de savoir sur quel point ils vont se diriger. Ils ont dans ce moment-ci le cap au sud, comme s'ils voulaient gagner Tripoli; mais ils pourraient bien cette nuit changer de direction; heureusement que dans cette saison les nuits sont courtes et pas obscures; tâchez de les suivre de manière à ne pas les perdre de vue; s'ils changent leur marche, vous m'en avertirez par les signaux ordinaires, et demain, quand le jour paraîtra, nous réunirons nos efforts pour les atteindre. »

Avant de regagner son bord, Cruvillier, à qui d'Hocquincourt avait raconté les détails du combat livré sur la frégate à la suite de l'abordage, ne voulut pas quitter *la Vigilante* sans faire son compliment à *sa belle blonde au coup d'épée*. « Bravo,

monsieur de Tourville, lui dit-il en lui serrant
cordialement la main ; non-seulement je ne vous
en veux plus, mais maintenant je suis fier d'avoir
été blessé par une vaillante épée comme la vôtre. »

Dès que le capitaine eut regagné *la Sainte-
Ampoule*, il fit force de voiles pour donner la
chasse aux deux navires turcs. *La Vigilante* suivit
à distance; vers minuit, des fanaux de couleur
allumés à l'arrière de *la Sainte-Ampoule*, et disposés d'une certaine façon, firent connaître à d'Hocquincourt que les ennemis avaient changé de route,
et faisaient voile maintenant dans la direction de
l'est-nord-est, comme s'ils voulaient gagner les
côtes de Morée. Aussitôt *la Vigilante* conforma sa
marche à cette nouvelle direction prise par les navires ennemis, et au point du jour on les aperçut
à une faible distance sous le vent. La chasse continua ainsi pendant une partie de la journée, en
échangeant de temps en temps quelques coups de
canon, quand on se trouvait à portée. Vers trois
heures de l'après-midi, la marche des vaisseaux
ennemis se ralentit, et de part et d'autre la canonnade redoubla de vigueur. *La Vigilante* et *la
Sainte-Ampoule* firent force de voiles pour se rap-
procher des Turcs, qui semblaient disposés à accepter le combat. Cette manœuvre paraissait sin-

gulière de la part d'un ennemi qui n'avait cessé
de fuir depuis dix-huit heures. L'explication ne
s'en fit pas longtemps attendre : au milieu de la
fumée produite par les explosions de l'artillerie,
on vit tout à coup poindre deux gros bâtiments
portant pavillon ottoman, et qui s'avançaient rapidement au secours des deux vaisseaux poursuivis. Ceux-ci, en apercevant le renfort qui leur
arrivait, — et sur lequel il est probable qu'ils
avaient compté, — revirèrent de bord ; leurs équipages poussèrent des cris de joie qui s'entendi-
rent jusque sur les navires français, puis envoyèrent deux ou trois bordées assez meurtrières à
d'Hocquincourt et à Cruvillier. Bientôt les deux
nouveaux venus se mirent de la partie, et attaquèrent vigoureusement *la Vigilante*, tandis que
les deux autres s'attachaient à *la Sainte-Ampoule*.
D'Hocquincourt soutint vaillamment ce combat
inégal ; mais au bout d'une demi-heure, voyant
une partie de son monde tué, son gréement haché,
il dit à ses volontaires : « Messieurs, si nous con-
tinuons à jouer ce jeu de quilles-là, nous per-
drons, car ils ont deux boules contre une. Tâchons
donc d'aborder un de ces forbans pour égaliser la
partie ; sinon nous sommes coulés à fond. »

L'équipage applaudit ; d'Hocquincourt ordonna

à son pilote d'aborder celui des deux turcs qui ne combattait plus avec la même ardeur; le turc prête le flanc, les grappins sont jetés, et le chevalier de Tourville, leste comme un cerf, saute à bord le premier, suivi d'une quinzaine de volontaires. Leur exemple est bientôt suivi par les plus braves de l'équipage. Tous, avec une impétuosité irrésistible, fondent sur les infidèles et en font un grand carnage; mais rien n'égale l'ardeur et l'intrépidité de Tourville; il frappe, il renverse tout ce qui lui résiste, et, malgré le sang qui coule de plusieurs blessures qu'il a reçues, ses coups se multiplient, et les mahométans le prennent pour *l'ange de la mort.* Enfin, à travers mille obstacles, il parvient jusqu'au pavillon ennemi, qu'il abat d'un coup de hache, et élève à sa place le glorieux étendard de la croix.

A cette vue les chrétiens poussent un cri de victoire qui retentit au loin et couvre le bruit du combat. Les infidèles, consternés, se jettent à genoux et implorent la clémence des vainqueurs. Dès que le second vaisseau turc qui combattait *la Vigilante* se fut aperçu du résultat de l'abordage, il prit la fuite. D'Hocquincourt n'eut garde de le poursuivre, préférant garder sa prise et aller aider Cruvillier à se tirer d'affaire, s'il en avait besoin.

Pendant le combat, on n'avait pu voir ce qui se
passait du côté de *la Sainte-Ampoule*, à cause de
la fumée qui formait un brouillard épais autour
des navires; mais quand l'artillerie eut cessé de
tonner, d'Hocquincourt vit à deux portées de canon Cruvillier qui continuait sans faiblir de combattre ses deux ennemis. L'un d'eux paraissait
même fort maltraité, et ne répondait plus au feu
de son adversaire. D'Hocquincourt s'avança aussitôt sur le vaisseau qui soutenait encore assez
bien le combat, et le salua d'une bordée qui le
mit en désarroi. Au même instant l'autre navire
turc, complétement désemparé, sombra; ce que
voyant son compagnon placé entre *la Vigilante*
et *la Sainte-Ampoule*, il jugea prudent d'amener
son pavillon, pour ne pas subir un pareil sort.

La victoire était aussi glorieuse que complète.
Deux vaisseaux capturés, un coulé bas, et le quatrième en fuite; c'était merveilleux! mais ce brillant succès avait été chèrement acheté, et, au
milieu des félicitations que l'on s'adressait mutuel-
lement, on avait à regretter la perte de bon nombre de braves qui avaient succombé. On avait aussi
à plaindre le sort de beaucoup de blessés, atteints
plus ou moins grièvement. Parmi ces derniers était
le chevalier de Tourville, qui, pour sa part, avait

reçu trois blessures, dont deux, l'une à la tête, et l'autre au défaut de la cuirasse, étaient assez graves; quant à la troisième, à l'épaule gauche, elle n'offrait aucun danger. Mais chacun de ceux qui étaient sortis sains et saufs de cette chaude et sanglante affaire aurait voulu, au même prix, acquérir une gloire égale à la sienne; car il fut reconnu à l'unanimité que c'était lui qui, par son intrépidité, avait décidé la prise du premier vaisseau ennemi, en se jetant le premier à l'abordage et entraînant les autres volontaires par son exemple, action qui à son tour avait décidé la victoire sur les autres vaisseaux turcs. C'était là un magnifique succès pour un débutant; aussi chacun exaltait à l'envi la vaillance du jeune chevalier, et le vieux Crévecœur lui-même vint lui serrer la main, et lui faire en quelque sorte amende honorable d'avoir un instant douté de lui.

Cependant une vive préoccupation agitait l'esprit d'Hocquincourt. Il fallait tout à la fois songer à soigner ses nombreux blessés et réparer ses navires, non moins endommagés qu'eux. Il fallait mettre en outre ses deux prises à l'abri, et il eût été difficile, pour ne pas dire impossible, de regagner l'île de Malte dans l'état où se trouvaient les vaisseaux vainqueurs et vaincus. Cruvillier vint

heureusement le tirer d'embarras. Il connaissait
admirablement les moindres havres et les plus
petits îlots de ces parages, et les ressources qu'on
pouvait y trouver dans la circonstance. « Allons à
Zante, dit-il; il y a là un port excellent appartenant aux Vénitiens; nous y trouverons d'excellents
calfats pour radouber nos vaisseaux, et un non
moins excellent médecin pour radouber les marins
avariés. »

On fit donc voile pour Zante, où l'on arriva,
sans nouveaux incidents, après quelques heures
de navigation.

Cruvillier, à peine débarqué, s'empressa d'aller
chercher le signor Joany (ainsi se nommait le médecin qu'il connaissait), et de l'amener aux vaisseaux pour faire une première visite aux blessés.
Il lui recommanda surtout le chevalier de Tourville, dont il lui raconta les merveilleux exploits.
Le docteur, sur ces recommandations et sur celles
de d'Hocquincourt, fit transporter chez lui le jeune
blessé, afin de pouvoir lui donner des soins plus
suivis et plus réguliers. Au bout d'un mois, grâce
à la science du disciple d'Esculape, et grâce aussi
à la jeunesse et à la bonne constitution du chevalier, il était entièrement guéri de ses blessures,
et il ne lui en restait qu'une pâleur qui donnait

plus de charme et d'intérêt à sa physionomie.

Pendant ce temps-là *la Vigilante* et *la Sainte-Ampoule* avaient aussi guéri leurs blessures. On avait radoubé et mis en état de reprendre la mer le navire capturé par Tourville; quant à l'autre prise, elle était en si mauvais état, que l'on jugea qu'elle ne valait pas les frais de réparation. D'ailleurs on eût manqué de monde pour la monter; c'est à peine si l'on avait pu trouver à recruter dans le port de Zante un nombre suffisant de matelots pour former l'équipage de la prise que l'on voulait conserver. On retira donc du navire jugé hors de service l'artillerie, les armes, la poudre et tous les objets qui pouvaient être utiles, et on les distribua entre les trois autres bâtiments; puis la carcasse fut vendue à un armateur de Zante, qui se proposait de la transformer en un petit navire de commerce.

Ces dispositions prises, d'Hocquincourt donna le commandement du vaisseau capturé au chevalier d'Artigny, en lui adjoignant Tourville comme lieutenant. Chacun applaudit à cette distinction, comme ayant contribué plus qu'aucun autre à la prise de ce navire. Quelques-uns même auraient voulu qu'on l'eût nommé capitaine; mais Tourville fut le premier à combattre cette proposition, se trouvant trop jeune et trop inexpérimenté pour remplir de pareilles fonctions; mais il accepta avec joie de servir sous les ordres de son ami d'Artigny en qualité de son second.

Quelque temps avant d'appareiller, on songea à donner au navire ci-devant turc un nom chrétien; naturellement Tourville fut désigné pour en être parrain; on voulait même qu'il s'appelât *le Tourville*, mais il s'y opposa énergiquement; seulement, comme la cérémonie devait avoir lieu le 28 juillet, jour de Sainte-Anne, il proposa et fit accepter ce nom, qui était aussi le sien (ses noms étaient Anne-Hilarion). L'aumônier de *la Vigilante* présida à la cérémonie dite du baptême, et imposa au navire le nom de *la Sainte-Anne*.

CHAPITRE IV

La relâche à Zante avait duré près de deux mois. Enfin les trois navires étant bien ravitaillés, tous les blessés guéris, d'Hocquincourt donna à sa petite flottille l'ordre d'appareiller. On devait croiser dans la mer Ionienne, à l'entrée de la mer Adriatique, où les corsaires barbaresques se tenaient habituellement pour attaquer les navires marchands à leur sortie de Venise. En cas de séparation, le point de ralliement était fixé à Zante.

Les trois bâtiments mirent à la voile dans l'ordre suivant : *la Sainte-Ampoule* formait l'avantgarde; venait ensuite *la Vigilante*; puis *la Sainte-Anne* formait l'arrière-garde. Après avoir navi-

gué de conserve pendant deux jours, sans rien
rencontrer, Cruvillier signala tout à coup trois
navires suspects qui apparaissaient à l'horizon. On
reconnut bientôt que c'étaient trois corsaires tu-
nisiens qui faisaient force de voiles pour atteindre
la flottille chrétienne. Aussitôt on se prépara à les
bien recevoir. A peine avait-on terminé le branle-
bas de combat, que les corsaires barbaresques commencèrent à canonner les vaisseaux chrétiens, en
se tenant à distance, sans doute pour essayer la
portée de leurs canons. Ils se rapprochèrent ensuite
peu à peu, et bientôt chaque corsaire s'attacha à
l'un des navires de la flottille, et le combat s'engagea avec une ardeur égale de part et d'autre.

La vaisseau qui attaquait *la Sainte-Anne* était
évidemment plus fort qu'elle et meilleur manœu-
vrier. Il lui envoyait deux bordées pour une, et,
étant plus haut de bord, son artillerie balayait
le pont de *la Sainte-Anne,* qui ne pouvait que ri-
poster faiblement à l'aide des pierriers placés dans
les hunes. On se battait ainsi depuis près d'une
demi-heure avec un désavantage marqué, lorsque,
pour comble de malheur, un boulet emporta la
tête de d'Artigny. En voyant tomber leur capitaine, quelques hommes poussèrent des cris de
désespoir; d'autres paraissaient atterrés, lorsque

Tourville, s'élançant sur le banc de quart d'où venait d'être renversé d'Artigny, s'écria d'une voix retentissante : « Songeons à venger notre brave capitaine; nous le pleurerons après la victoire; — mes amis, à l'abordage ! — A l'abordage!» répétèrent tous les marins, transportés par les paroles de Tourville, et plus encore par son attitude fière et intrépide. En même temps il donne l'ordre à son maître d'équipage d'aborder le vaisseau ennemi de manière qu'on puisse lancer les grappins. Mais le maître et le pilote n'étaient pas fort expérimentés, et manquèrent cette manœuvre; et cependant l'artillerie ennemie continuait ses ravages.

Tourville était hors de lui : l'abordage était devenu impossible; son navire présentait le flanc et allait être écrasé par les bordées de l'ennemi. Il fit alors charger ses canons jusqu'à la gueule avec des grenades serrées en grappe au moyen d'étoupes goudronnées, et il ordonna de pointer autant que possible dans l'ouverture des sabords, puis il commanda le feu. Plusieurs charges de cette espèce de mitraille pénétrèrent dans l'intérieur du vaisseau ennemi, et y produisirent l'effet qu'avait désiré Tourville. Les grenades en éclatant, et l'étoupe en s'enflammant, mirent le feu au navire tunisien. L'incendie gagna avec une rapidité extraordinaire, malgré les efforts de son équipage pour l'arrêter. Tourville, voyant le succès de son expédient, lança encore quelques bordées de sa mitraille incendiaire, puis il ordonna de s'éloigner en toute hâte du navire en feu, pour ne pas exposer *la Sainte-Anne* à être incendiée elle-même. A peine était-on à deux portées de canon du corsaire, que ce navire sauta avec une explosion épouvantable, en couvrant de débris la mer et jusqu'au bâtiment de Tourville.

En voyant ce résultat inespéré d'un combat inégal, l'équipage de *la Sainte-Anne* salua son nouveau chef par des acclamations joyeuses et des vivats enthousiastes. « Mes amis, dit Tourville, commençons à rendre grâces à Dieu, car c'est lui qui nous a tirés du péril imminent où nous nous trouvions. Nous prierons ensuite pour le repos de l'âme de nos braves camarades qui ont succombé dans ce combat, et surtout pour le vaillant capitaine que nous avons perdu. » Et donnant l'exemple, que tous imitèrent, il se mit à genoux, et prononça à haute voix une courte prière d'actions de grâces, et un *De profundis* pour les morts; puis se relevant, il appela auprès de lui le pilote, le maître d'équipage et les plus anciens marins, pour s'entendre avec eux sur ce qu'il y avait à faire pour le moment.

Cependant la nuit était tout à fait venue; Cruvillier et d'Hocquincourt étaient hors de vue; le combat de leur côté avait cessé aussi, et probablement à leur avantage, sans quoi les vaisseaux qui les attaquaient seraient venus rejoindre celui qui venait d'être incendié, ou du moins chercher à le venger. Il était probable que *la Vigilante* et *la Sainte-Ampoule* étaient en ce moment à la poursuite de leurs ennemis; il était donc difficile, pour ne pas dire impossible, de les rallier. D'un autre côté le vent s'élevait; il y avait beaucoup de blessés à bord de *la Sainte-Anne*; le pilote et le maître ne connaissaient pas encore les allures du nouveau navire, qui d'ailleurs avait beaucoup souffert dans ce dernier combat. On convint donc d'un commun accord de retourner à Zante, c'est-à-dire au port fixé pour le ralliement.

Tourville resta à Zante le temps nécessaire pour réparer son navire et compléter son équipage; puis, après un mois de séjour dans ce port, ne voyant paraître ni d'Hocquincourt ni Cruvillier, il reprit la mer pour aller à leur recherche. Il visita les principaux ports des îles Ioniennes, et s'avança dans le golfe de Venise jusque sur les côtes de Dalmatie. Au bout de trois semaines de recherches inutiles, il prit le parti de revenir à Zante. D'Hocquincourt et Cruvillier en étaient partis depuis trois jours, mais en laissant à un capitaine de barque longue une lettre pour le chevalier.

Dans cette lettre d'Hocquincourt lui rendait compte sommairement de ce qui leur était arrivé à Cruvillier et à lui depuis le combat qui les avait séparés. Ils avaient effectivement repoussé les attaques de leurs adversaires, et les avaient mis en fuite; puis ils les avaient poursuivis vigoureusement, et après un nouveau combat dans les eaux de la Sicile, ils en avaient coulé un, et l'autre était parvenu à s'échapper. Se trouvant dans le voisinage d'un port de Sicile, ils y avaient relâché pour réparer les avaries essuyées par leurs bâtiments pendant le combat. Enfin ils étaient venus à Zante dans l'espoir de le rencontrer; mais, ne l'ayant pas trouvé, ils prenaient le parti d'aller l'attendre à Malte, comme point de ralliement plus assuré.

Tourville remit aussitôt à la voile et se dirigea sur Malte. En route, il eut deux rudes combats à soutenir contre des corsaires algériens, qui, quoique bien supérieurs en force, ne purent pas même retarder sa marche. Après s'être tiré vaillamment de ces deux rencontres, sans blessure et sans avarie

4

importante, il arriva enfin à Malte. Mais ni d'Hocquincourt ni Cruvillier n'y avaient encore paru.

La contrariété qu'il éprouva de leur absence fut adoucie par la réception flatteuse que lui firent les chevaliers. Le grand maître l'accueillit de la manière la plus gracieuse, et lui confirma le titre de capitaine de *la Sainte-Anne*, que lui avait provisoirement donné son équipage, en le félicitant de sa brillante conduite dans les divers engagements auxquels il avait pris part.

Tourville resta quelque temps à Malte en attendant d'Hocquincourt; mais, n'en recevant point de nouvelles, et ne se croyant pas encore capable de tenter seul une expédition| avec *la Sainte-Anne*, il prit du service, comme volontaire, sur le vaisseau d'un nommé Carini, armateur ou corsaire napolitain, qui servait depuis quelque temps sous la bannière de l'ordre de Malte, lui et son bon vaisseau de cinquante-quatre canons.

On s'étonnera peut-être que Tourville, ayant le titre de capitaine et pouvant disposer d'un navire, se soit décidé à servir en sous-ordre sur un autre bâtiment. Mais cet étonnement cessera quand on aura une idée exacte du caractère de Tourville. On a déjà pu remarquer, en plusieurs circonstances rapportées précédemment, qu'il était loin

d'être présomptueux, et qu'il avait de lui-même
une défiance malheureusement trop rare chez les
jeunes gens de son âge. S'il eût rencontré d'Hocquincourt au rendez-vous, il n'eût pas hésité à
naviguer de conserve avec lui, parce qu'il aurait
eu pour le diriger l'appui, les conseils et l'expérience de ce noble chevalier, qui lui avait en
quelque sorte ouvert la carrière, et l'avait soutenu
avec bienveillance dès ses premiers débuts; mais
il ne se croyait ni les capacités, ni surtout, en raison de son âge, l'autorité nécessaire pour commander et conduire seul un bâtiment; il ne se
croyait pas en état d'imposer sa volonté à un équipage composé de marins presque tous plus âgés
et plus expérimentés que lui; il en avait fait l'é-
preuve depuis la mort de son ami d'Artigny; si,
dans un moment d'enthousiasme, on l'avait pro-
clamé capitaine, il avait senti que cette autorité
n'était que précaire, car chaque fois qu'il avait
fallu prendre une décision importante, il avait été
obligé de consulter ses subordonnés et de s'en rap-
porter à leur avis. Or, selon les idées de Tourville,
l'autorité d'un capitaine de vaisseau doit être entière et absolue sur son équipage, qu'il ne doit
consulter que dans des cas fort rares et tout à fait
exceptionnels; mais pour qu'un commandant puisse

exercer sans opposition une pareille autorité, il faut nécessairement qu'il inspire à ses subordonnés une confiance aveugle dans sa haute capacité et dans son expérience. Tourville comprenait donc que, pour arriver à inspirer cette confiance base de l'autorité, il lui manquait une foule de connaissances pratiques, et c'était principalement pour les acquérir qu'il s'était décidé à s'embarquer sur le vaisseau de Carini.

Ce Carini, quoiqu'il fût aussi un corsaire (1), était loin de ressembler à notre ancienne connaissance Cruvillier. C'était un homme qui avait reçu une certaine éducation et une solide instruction. Doué d'un goût prononcé pour la marine, il avait fait une étude approfondie de la science nautique, en même temps qu'il en avait fait l'application en passant par tous les degrés de la hiérarchie mari-

---

(1) On entend par *corsaire* celui qui commande un bâtiment armé en course ou par un particulier, ou par lui-même avec l'autorisation d'un gouvernement. Il n'attaque que les bâtiments des nations en guerre avec le gouvernement qu'il sert; il ne faut donc pas le confondre avec le *pirate*, véritable voleur de mer, qui attaque et pille indifféremment tous les navires qu'il rencontre. Les corsaires doivent être munis d'une *lettre de marque*, c'est-à-dire d'un acte du gouvernement contenant l'autorisation d'armer et d'équiper en guerre un navire pour courir sur les ennemis de l'État.

time ; car il avait été simple matelot, puis pilote,
puis maître de manœuvres, avant d'être lieutenant
et enfin capitaine de navire. Ajoutons qu'il était
pourvu d'une énergie indomptable et d'un courage
à toute épreuve, ce qui ne l'empêchait pas d'avoir
des manières polies et affables à l'occasion, et de
ne jamais montrer cette rudesse et cette grossièreté si ordinaires aux gens de sa profession.

Dès que Tourville se fut trouvé en rapport avec
Carini, il jugea que c'était l'homme qui lui convenait pour compléter son éducation maritime. De
son côté, Carini pensa qu'un pareil élève ne pourrait que lui faire honneur, et ce fut avec empres-
sement qu'il l'accepta comme volontaire à son
bord. Après donc en avoir obtenu l'autorisation
du grand maître, qui approuva les motifs de sa
résolution, Tourville s'embarqua sur *le Napolitain,* nom que portait le vaisseau de Carini, déjà
tout appareillé et prêt à chercher aventure.

Le Napolitain était un vaisseau solide, excellent marcheur et admirablement manœuvré. Son
commandant veillait à tout, s'occupait des moindres détails; et ses lieutenants, en son absence,
n'agissaient jamais que d'après des instructions
minutieuses où tout était prévu. Les pilotes, les
maîtres d'équipage ne se seraient pas permis de

faire une manœuvre ni d'exécuter le moindre mouvement sans l'avoir consulté. Tourville avait, comme on le voit, trouvé une bonne école, et les leçons qu'il y reçut lui servirent, comme nous le verrons, pendant sa longue carrière de marin.

Nous ne nous proposons pas de le suivre dans les nombreuses expéditions qu'il fit pendant deux ans qu'il resta avec Carini dans les îles de l'Archipel, sur les côtes d'Afrique, dans le golfe Adriatique et sur d'autres points de la Méditerranée ; il nous suffira de dire qu'il participa à de nombreux combats contre les Turcs et les pirates barbaresques, et que dans tous il donna des preuves de la plus grande valeur. Cependant nous mentionnerons un épisode assez curieux de sa première campagne.

En quittant Malte, Carini était venu croiser sur la mer Ionienne ; il y fit plusieurs prises assez importantes, qu'il se disposa à conduire à Venise, où il comptait s'en défaire d'une manière avantageuse. Tandis qu'il faisait voile dans cette direction, il rencontra un vaisseau turc qui, quoique d'une force à peu près égale à celle du *Napolitain*, paraissait plutôt disposé à l'éviter qu'à l'attaquer. Carini, au contraire, ne voulait pas laisser échapper cette nouvelle proie. Après avoir remis ses

prises sous la garde d'un de ses lieutenants, il
donna la chasse au Turc, l'atteignit bientôt, et,
après un combat assez vif, le força à se rendre.
Lorsque l'ennemi eut amené son pavillon, Carini
envoya Tourville avec une troupe de marins pour
s'emparer du navire capturé, et faire passer à
bord du *Napolitain* l'équipage prisonnier. En vi-
sitant ce bâtiment, quelle fut la surprise de Tourville quand il trouva dans l'entre-pont une ving-
taine de prisonniers chrétiens enchaînés, et qu'il
reconnut parmi eux les chevaliers d'Hocquincourt,
de Breteuil, de Villiers, et quelques-uns des marins de l'équipage de *la Vigilante!* Nous n'essaie-
rons pas de peindre la joie des prisonniers de se
voir délivrés, et de rencontrer dans leur libérateur
un compatriote, un ami, un frère. La joie de Tourville n'était pas moins grande; seulement elle était
tempérée par la douleur de retrouver ses amis plus
ou moins grièvement blessés; car ils avaient été
pris après un combat acharné, dans lequel *la Vi-*
gilante avait été si maltraitée, qu'elle avait coulé
bas; d'Hocquincourt avait été atteint, dès le commencement de l'action, d'un coup de feu qui l'a-
vait renversé sans connaissance de son banc de
quart; il n'était revenu à lui que quand sa frégate,
criblée de boulets et faisant eau de toutes parts,

s'enfonçait dans l'abîme ; il avait été recueilli dans ce moment par les Turcs, qui s'étaient emparés du bâtiment, et qui se hâtaient d'emmener prisonniers les restes de l'équipage.

Deux jours après on arriva à Venise. Les blessés furent débarqués et confiés aux soins du commandeur de Malte qui résidait en cette ville, et qui prit soin de les rapatrier après leur guérison.

Quelques jours après, Carini reprit la mer avec Tourville, et recommença cette série de courses dont nous avons parlé, et qui dura près de deux ans. Au bout de six mois, Carini, reconnaissant la haute capacité et les rares qualités du chevalier, l'avait nommé l'un de ses lieutenants ; au bout d'un an il le nomma son second, et plus d'une fois il lui abandonna la conduite de son navire, ce qui était la plus haute marque de confiance qu'il pût lui donner.

Il y avait deux ans que Tourville servait à bord du *Napolitain,* et, malgré les nombreux combats auxquels il avait pris part, il n'y avait reçu aucune blessure ; malheureusement, dans une dernière rencontre qui eut lieu à la hauteur du cap Matapan, il fut très-grièvement blessé. Carini lui fit donner les premiers soins par son chirurgien du bord, puis il le conduisit à Venise pour qu'il fût traité d'une manière plus suivie et plus régulière.

Il resta près de trois mois en danger ; le bruit même de sa mort se répandit dans le Levant, où sa bravoure l'avait déjà fait glorieusement connaître. Enfin il se rétablit, et, après une longue convalescence, il se sentit en état de reprendre sa vie aventureuse. Carini n'avait pas depuis longtemps reparu à Venise, et Tourville ne se souciait pas de s'embarquer en sous-ordre sur un autre bâtiment que le sien. Il résolut donc de l'attendre ; mais, sur ces entrefaites, le gouvernement de Venise lui ayant offert le commandement d'un bâtiment, il l'accepta : et le voilà de nouveau à courir les mers pour le service de la *Reine de l'Adriatique*.

Il resta près de quatre ans sur le vaisseau de la république de Venise. Il rendit d'immenses services au commerce de cette république en purgeant l'Archipel des pirates dont il était infesté. Dans ces expéditions fréquentes et toujours heureuses, il s'était acquis une renommée qui avait rendu son nom célèbre sur tout le littoral de la Méditerranée.

Apprenant alors que Louis XIV, secondé par son ministre Colbert, travaillait à replacer la marine française au rang qu'elle avait occupé sous le cardinal de Richelieu, il songea à venir offrir ses services au roi, et à consacrer à l'exécution du grand projet que ce prince avait formé tout son dévouement et l'expérience qu'il avait acquise depuis six ans qu'il naviguait.

Lorsqu'il fit part au gouvernement de Venise de sa résolution, on chercha à l'ébranler en lui faisant les offres les plus brillantes ; mais Tourville n'en fut point ébloui, et persista dans son projet de rentrer au service de sa patrie. Alors le doge n'insista pas ; mais il voulut, avant de se séparer du chevalier, lui donner une preuve signalée de la reconnaissance de la république. Il fit inscrire son nom au livre d'or, et lui remit un brevet dans lequel il était qualifié de *Protecteur du commerce maritime de la république* et d'*Invincible*. Ce brevet était accompagné d'une médaille d'or et d'une chaîne de même métal d'un grand prix.

L'année suivante, Tourville rentra en France. Le bruit de ses exploits était venu jusqu'à la cour. On se souvenait encore de la lettre du chevalier d'Hocquincourt au duc de la Rochefoucauld, et les dames surtout étaient curieuses de voir cet *Adonis* qui se battait comme un Hercule.

Le chevalier de Tourville arriva à Versailles au printemps de 1667 ; le roi l'accueillit avec la plus grande distinction, le félicita sur sa belle conduite, et le nomma capitaine de vaisseau, quoiqu'il ne fût âgé que de vingt-quatre ans, et qu'il n'eût encore aucun grade dans la marine royale.

Il fut un objet de curiosité pendant son séjour à Versailles; cependant il n'obtint pas auprès des courtisans le succès auquel on se serait attendu. Il avait pour l'empêcher de réussir deux défauts essentiels : quoiqu'il fût intrépide en face de l'ennemi, il était dans le monde timide et modeste.

———

CHAPITRE V

En 1669, Louis XIV résolut d'envoyer une armée au secours de Candie, assiégée par les Turcs. Il donna le commandement en chef de cette importante expédition au duc de Beaufort, grand amiral et surintendant général de la navigation.

François de Vendôme, duc de Beaufort, était né à Paris en 1616, de César, duc de Vendôme. Après avoir joui de la faveur de la régente Anne d'Autriche, il fut disgracié et emprisonné. Étant parvenu à s'échapper, il se jeta parmi les ennemis de la cour, et joua un rôle important dans la guerre de la Fronde : il acquit une si grande influence sur la populace, qu'elle le surnomma *le Roi des halles,* avec cet instinct grossier, mais souvent d'une mer-

veilleuse justesse, qui la caractérise. En effet, sa
force athlétique, sa mine hautaine et bravache,
ses gestes, son attitude, son poing toujours sur la
hanche et sa large moustache incessamment ca-
ressée, lui donnaient l'apparence de ces capitans-
matamores des plus mauvais lieux. Mais ce qui témoignait surtout de la juste application de ce sur-
nom de *Roi des halles*, c'était, comme le disaient
ses contemporains, « la parfaite similitude de son
langage et de celui de ses sujets (1) ». Quant aux
connaissances nautiques du grand amiral, elles
étaient fort bornées : il n'exerçait sa charge que
depuis 1663, époque de la mort de César de Vendôme, son père, qui en avait les provisions.

Il s'était réconcilié avec la cour après la mort du
cardinal Mazarin, de sorte qu'il n'éprouva aucune
difficulté à hériter de cette portion importante de
la succession paternelle. Dès l'an 1664, le duc de

(1) « Il formait, dit madame la duchesse de Nemours dans ses
« Mémoires, un certain jargon de mots si populaires et si mal
« placés, que cela le rendait ridicule à tout le monde. » (*Collec-
tion Petitot, 2e série, t.* xxxiv.) Le cardinal de Retz, dans ses Mémoires, dit aussi : « Que ce que le duc de Beaufort avait retenu
« du jargon des importants, mêlé avec les expressions qu'il avait
« tirées de madame de Vendôme, sa mère, la femme de France
« la plus grossière et la plus ignorante, formait une langue qui
« aurait déparé le bon sens de Caton. »

Beaufort fut chargé d'une expédition contre Gi-
gery ou Djigelli. C'était sa première campagne;
il réussit à s'emparer de cette ville, mais après
son départ on ne put la conserver (1). En 1665,
le duc de Beaufort commanda quelques croisiè-
res dans la Méditerranée, et obtint quelques succès de peu d'importance. En 1666, il fut chargé
de se joindre à l'escorte de la nouvelle reine de
Portugal, Marie-Françoise de Savoie. Les ordres
du roi le retinrent dans le Tage jusqu'au moment
où la paix fut consentie avec l'Angleterre, ce qui
permit au grand amiral de ramener sa flotte en
France sans avoir de conflit avec la flotte anglaise.

Les antécédents maritimes de M. de Beaufort
n'étaient pas, comme on le voit, fort brillants; cependant on ne pouvait lui refuser un certain zèle
pour les choses de la marine; mais sa continuelle
agitation, son étourderie qui, malgré son âge, —
il avait alors cinquante-trois ans, — était toujours
extrême, son habitude de vouloir se mêler de détails puérils, le rendaient, à bien dire, incapable
de remplir les hautes exigences de sa charge. Aussi

(1) Les Français se sont rendus maîtres de cette ville en 1839.
Elle fait partie de l'arrondissement de Philippeville; elle est chef-
lieu du cercle et du district. Djigelli est une petite ville maritime
qui fait un commerce considérable de grains et d'huiles.

les hommes compétents prévoyaient-ils l'issue fatale qu'avec un pareil chef devait avoir cette expédition, composée pourtant de l'élite de nos armées de terre et de mer.

En effet, l'armée de terre avait pour général le duc de Navailles avec un nombreux état-major ; elle se composait, pour la cavalerie, de détachements de mousquetaires de la maison du roi, commandés par MM. de Montbrun et de Maupertuis ; de compagnies détachées de différents régiments de cavalerie sous les ordres de MM. de Choiseul, d'Hudicourt, etc. L'infanterie était composée d'un détachement du régiment des gardes du roi, et de quinze régiments d'infanterie de ligne sous les ordres de leurs colonels ou de leurs lieutenants-colonels.

L'armée de mer formait deux grandes divisions : la première, composée de treize galères et de trois galiotes à rames, était commandée par le comte de Vivonne, récemment nommé général des galères ; la seconde division, composée de vingt bâtiments de guerre de diverses grandeurs, était placée sous le commandement direct du duc de Beaufort, qui montait *le Monarque*, vaisseau amiral de quatre-vingt-quatorze canons.

Sur la désignation expresse de Louis XIV, Tour-

ville fit partie de cette expédition. Il eut le commandement du *Croissant*, vaisseau de troisième
rang, de quarante-quatre canons et de deux cent
vingt-cinq hommes d'équipage.

La flotte du duc de Beaufort appareilla de Toulon le 5 juin 1669; elle eut le temps le plus favorable pour sa traversée. Le 17, les vaisseaux du
roi rencontrèrent, proche le cap Sapience, à la
pointe S.-O. de la Morée, quatorze bâtiments vénitiens chargés de cinq cents chevaux pour monter
la cavalerie française; ces navires s'étant réunis à
la flotte, on se dirigea sur l'île de Candie. Le 19,
au matin, on doubla le cap de Carabusa, qui forme
la pointe la plus occidentale de cette île, puis le
cap d'Espada, un peu plus à l'est; et la flotte pro-
longeant le golfe de la Sude, on put admirer alors
la fertilité de Candie, cette île enchanteresse, autrefois appelée l'*Ile heureuse*, ce frais et riant ber-
ceau des plus gracieuses créations mythologiques,
cette Crète de l'Olympe et du mont Ida, du Laby-
rinthe et de Dédale.

A cinq heures et demie du soir on arriva en vue
de Candie, capitale de l'île, dernier point occupé par
les Vénitiens; car les Turcs étaient maîtres de tout
le reste de l'île, et depuis *dix-neuf ans* ils assié-
geaient cette place. Après leurs premières attaques

restées sans résultat, ils avaient converti le siége
en blocus, et pour montrer qu'ils persévéraient
jusqu'à ce qu'ils eussent triomphé, ils avaient
construit cette ville qu'ils nommèrent *Candie-
Neuve,* à côté de la ville chrétienne, et ils y lo-
gèrent les troupes de blocus. Mais comme ce
blocus était insuffisant pour empêcher l'ancienne
Candie de se ravitailler par mer, ils se décidèrent
à recommencer un siége régulier avec une armée
nombreuse et pourvue de tous les moyens nécessaires pour attaquer et réduire enfin cette place.
Ce fut alors que les Vénitiens, se sentant impuis-
sants à lutter contre les forces de l'empire ottoman, firent un appel au pape et aux princes chrétiens pour venir à leur secours. La France seule
répondit à cet appel, comme nous l'avons vu.

L'armée de débarquement ne montait guère qu'à
un total de sept mille hommes. Ce secours était insuffisant, car la garnison était réduite à deux ou
trois mille hommes à peine, harassés de fatigue.
C'était un total de neuf à dix mille hommes, et il
en aurait fallu au moins le double pour pouvoir
offrir une résistance sérieuse à une armée trois à
quatre fois plus nombreuse. Les troupes françaises, après avoir débarqué dans la ville, se reposè-
rent pendant quelques jours, tandis que les géné-

raux délibéraient sur ce qu'il y avait à faire. On
convint d'exécuter une sortie dans la nuit du 24 au
25 juin. Les préparatifs se firent dans le plus grand
secret. A trois heures du matin les troupes françaises, rangées silencieusement en bataille, attaquèrent vivement les Turcs dans leurs ouvrages.
Ceux-ci, surpris, s'enfuirent en désordre, abandonnant douze pièces de canon et une batterie rem-
plie de munitions. Déjà le duc de Beaufort et M. de
Navailles s'applaudissaient du succès et s'apprê-
taient à marcher en avant pour assurer la victoire,
lorsqu'une épouvantable explosion fit trembler la
terre jusque sous les pieds des généraux. C'étaient
les redoutes des Turcs qui étaient minées, et auxquelles ils avaient mis le feu en les quittant. Un
grand nombre de combattants périrent dans cette
catastrophe, et le reste, démoralisé, s'enfuit plein
d'épouvante, jetant la terreur dans le reste de l'armée. Bientôt apparut la cavalerie turque à la poursuite des fuyards. Alors M. de Navailles, à la tête
des mousquetaires, se jeta au plus ardent de la
mêlée, et reçut plusieurs coups sur ses armes; le
combat devint acharné, et l'avantage vaillamment
disputé de côté et d'autre; mais le nombre toujours
croissant de cavalerie turque faisant perdre du
terrain au général, il fut obligé de commander un

demi-tour à gauche à l'escadron qu'il avait réuni.
Comme il exécutait ce mouvement, il vit arriver
le duc de Beaufort, dont la cuirasse était faussée
en plusieurs endroits, et son panache blanc à
moitié abattu et brûlé par la poudre. « Les lâches!
s'écriait-il en abordant M. de Navailles, impossible de les rallier... Je viens me joindre à vous
et aux mousquetaires pour que nous tentions du
moins de sauver l'honneur de nos armes.

— Allons, que Dieu nous protége! En avant,
Messieurs; tentons encore une charge pour l'honneur du roi, » dit Navailles, en montrant aux
mousquetaires les Turcs qui s'étaient reformés,
après avoir chassé les derniers soldats d'infanterie.

— A qui de nous deux sera le plus tôt près des
Turcs, monsieur de Navailles! » dit Beaufort; et
attaquant vigoureusement son cheval, qui fit un
bond extraordinaire, il partit en agitant son épée.
Ses gentilshommes le suivirent, et ils disparurent
dans la mêlée, tandis que M. de Navailles exécutait
brillamment sa dernière charge au milieu d'une
grêle de flèches et de balles de mousquets, qui
atteignirent son cheval et ses armes en plusieurs
endroits; mais, voyant que la cavalerie ennemie
s'avançait en plus grand nombre encore, que sa
gauche était en pleine déroute ainsi que le centre,

et que sa droite était débordée par les Turcs, le
général dit tristement à Landot, capitaine de ses
gardes, qui ne l'avait pas quitté depuis le commencement de l'action : « Tout est perdu, Landot;
ralliez ce qui me reste de mousquetaires, de mes
gardes et des maîtres de l'escadron de Saint-Es-
tève, et faites sonner la retraite. Que la volonté de
Dieu soit faite! mais le roi sera bien mécontent. »

La retraite s'exécuta en assez bon ordre. M. de
Navailles, à la tête d'un petit escadron, protégea
l'arrière-garde jusqu'à ce que les débris de l'armée fussent arrivés sous la protection du canon de
la place. Quant au duc de Beaufort, on n'en entendit plus parler depuis le moment où il avait chargé
les Turcs en même temps que M. de Navailles. On
crut un instant qu'il avait été fait prisonnier; mais
on reconnut bientôt qu'il avait péri dans la mêlée,
sans cependant qu'on ait pu retrouver son cadavre.

Cette malheureuse sortie causa des pertes énormes à l'armée du roi, et démoralisa singulièrement les troupes : elles reprirent pourtant courage
lorsqu'on annonça, le 1ᵉʳ juillet, l'arrivée des galères du roi, commandées par M. le duc de Vivonne. Les galères, qui avaient appareillé de Toulon en même temps que les vaisseaux du roi,
n'avaient pas suivi la même marche. M. de Vi-

vonne s'était rendu à Cività-Vecchia pour y rallier
les galères du pape et de Malte, commandées par
le bailli Fra Vicenzo de Rospigliosi, neveu de Sa
Sainteté; mais elles étaient déjà parties, et M. de
Vivonne, après les avoir en vain cherchées à Lipari,
à Messine, à Corfou, les joignit enfin à Zante,
d'où elles repartirent le 27 juin, à onze heures du
soir, sous le commandement de l'étendard du
Pape.

Le 1er juillet, les galères de la chrétienté arrivèrent en vue de l'île de Candie; après avoir côtoyé
cette île pendant toute la journée du 2, elles vinrent mouiller, dans l'après-midi du 3, au port de
Saint-Nicolas, situé au sud de Standie, petite île
déserte et escarpée, à dix milles de la ville de
Candie.

A dater de ce jour, M. de Vivonne, apprenant la
mort ou la disparition du duc de Beaufort, prit le
rang de général des armées navales du roi, con-
formément aux instructions de Louis XIV, qui
voulait que M. de Vivonne commandât les galères
et les vaisseaux de France en cas de mort ou de
maladie de l'amiral, mais qu'il se mît toujours
sous les ordres de M. de Rospigliosi, qui avait,
lui, le titre de généralissime des forces navales de
la chrétienté.

L'arrivée de cette flotte rendit un peu de courage à nos troupes enfermées dans Candie; cependant, jusqu'au 25 juillet, il n'y eut que quelques escarmouches insignifiantes. Ce jour-là, les galères quittèrent le port de Saint-Nicolas et vinrent rejoindre les vaisseaux du roi mouillés dans la rade de Candie appelée la Fosse, et les galères de Venise arrivées de la veille, afin d'atta· quer par mer les ouvrages des Turcs.

A huit heures du soir M. de Vivonne et le général des galères de Malte se rendirent à bord de la galère *Réale* du Pape, commandée par M. le bailli de Rospigliosi, pour conférer avec lui sur le plan d'attaque fixé au lendemain.

Après une longue discussion pour savoir si l'attaque se ferait par les vaisseaux seuls, les galères formant la réserve, ou bien par les galères soutenues par les vaisseaux, on finit par convenir que les vaisseaux seraient remorqués par les galères jusqu'à leur position de combat, et que l'attaque aurait lieu simultanément. Quant à la désignation des galères qui devaient remorquer les vaisseaux, le bailli de Rospigliosi chargea M. de Vivonne de ces dispositions, en le priant seulement de lui faire connaître le nom de chaque vaisseau et de chaque galère, ainsi que le nom des capitaines.

M. de Vivonne fit aussitôt dresser par son secrétaire, qui l'avait accompagné, un tableau contenant ces noms, et le soumit au généralissime. Celui-ci le lut attentivement, et fit l'éloge de plusieurs capitaines qu'il connaissait. Arrivé au nom du *Croissant*, vaisseau de quarante-quatre, commandé par le chevalier de Tourville : « Comment ! monsieur le comte, dit le bailli avec intérêt, vous avez dans votre escadre ce jeune et déjà si fameux capitaine de Tourville, qui a servi sur les vaisseaux de Venise avec Carini !

— N'est-ce pas le même chevalier de Tourville, demanda le général de Malte, qui a aussi servi sur les vaisseaux de la religion avec le chevalier d'Hocquincourt, et qui a eu de si beaux combats près de Lipari ?

— N'a-t-il pas aussi navigué avec le vieux Cruvillier, le corsaire plus connu que pas un dans la Méditerranée ? reprit M. de Rospigliosi.

— Oui, Messieurs, dit Vivonne en cachant sous une apparente gaieté un sentiment de dépit assez prononcé, — car il n'aimait pas Tourville, et il avait contre lui une sorte de jalousie mal dissimulée. — Oui, Messieurs, c'est Tourville de Malte, Tourville de Venise, Tourville de Cruvillier, Tourville le muguet, l'Adonis, en ce moment Tourville du *Croissant*, nommé au commandement de ce vaisseau par une faveur spéciale de Sa Majesté très-chrétienne; en un mot le beau Tourville, qui s'attife comme une femme, ne boit que de l'eau, ne jure jamais, mais, il faut le dire, qui se bat comme un démon.

— On dit aussi, monsieur le comte, — reprit le bailli, — que rien n'était plus surprenant que l'admirable propreté qui régnait à bord de son vaisseau quand il servait la sérénissime république. On dit même, et cela me paraît de l'exagération, que tous les jours le pont de son navire était soigneusement gratté, lavé, et que toutes les ferrures d'artillerie et de mâture étaient aussi luisantes que de l'argent : a-t-il conservé ses habitudes dans la marine royale ?

— Oui, Monsieur, il les a conservées, et son vaisseau est aussi propre que le boudoir d'une petite maîtresse.

— Est-il aussi vrai, monsieur le comte, demanda le général de Malte, qu'il ne laisse ni au pilote le soin de tracer la route, ni au maître d'équipage celui de manœuvrer son vaisseau, ni au maître canonnier de diriger et ordonner l'artillerie, étant lui-même très-bon hauturier (1), marinier et ca-

(1) On donnait autrefois le nom de *hauturiers* aux pilotes exer-

nonnier, en un mot un jeune homme en tout cela
fort ressemblant au vieux et fameux Duquesne, à
la moustache blanche près, cependant.

— Oui, monsieur le général, dit Vivonne avec
une impatience mal contenue, il ressemble en
tout et pour tout au vieux Duquesne, à la mous·
tache, à la figure, à la sauvagerie, à la naissance
et à la religion près (1); mais, Messieurs, ajouta-
t-il presque irrité de ces louanges, le temps presse,
et j'attends vos ordres, monsieur le bailli.

— Encore un mot, reprit le bailli : je vois le
nom de M. le marquis de Grancey comme capitaine du *Lys :* est-il de la famille de M. le maréchal de Grancey, que j'ai eu l'honneur de
saluer à Rome?

— Oui, monsieur le bailli; et celui-là n'est ni
un laveur de pont, ni un fourbisseur d'artillerie,
ni un muguet; mais il est aussi brave et déterminé
que pas un.

— Il a un noble et grand nom à soutenir,
monsieur le comte. Mais, maintenant que le plan
de bataille est déterminé, j'aurai l'honneur de vous

cés à prendre la hauteur des astres pour diriger les bâtiments
en mer.

(1) Duquesne, dont nous aurons occasion bientôt de parler
plus amplement, était protestant.

5

en adresser tout à l'heure les ordres, » dit M. de
Rospigliosi en saluant le général de Malte et M. de
Vivonne.

Ceux-ci lui rendirent le salut, et regagnèrent
immédiatement leur galère respective.

A six heures du matin du lendemain, 24 juillet,
l'escadre combinée s'avança lentement et en bon
ordre sur une colonne; chaque galère, hardiment
élancée, remorquant un lourd vaisseau de haut
bord, vint prendre son poste de combat. Les batteries turques commencèrent le feu, en lançant
d'énormes boulets de marbre et de pierre. La flotte
y répondit bientôt par une grêle de boulets de fer.
Après une demi-heure de combat, un épais nuage
de fumée dérobait à la vue les batteries ennemies
et les bâtiments de l'escadre, lorsque tout à coup
une horrible explosion se fait entendre. C'était *la
Thérèse,* vaisseau de soixante-dix canons, mouillé
tout proche de la galère *la Capitane,* qui avait
sauté. Au même instant *la Capitane* se trouva en-
veloppée d'une flamme rouge et ardente comme
le feu d'un volcan, et une énorme lame sourde
prenant la galère par son travers, la coucha si
furieusement sur le côté gauche, qu'on vit toute
sa quille.

A ce choc épouvantable, M. de Vivonne et ses

officiers furent renversés et roulèrent pêle-mêle sur le pont. A l'instant où *la Capitane* se relevait, une nuée d'éclats de bois, de bordages, de ferrures, de débris humains, de poutres, tombant sur la galère avec un épouvantable fracas, crevèrent *la couverte* (le pont) en plusieurs endroits, écrasèrent des forçats sur leurs bancs, brisèrent les mâts et les autennes; et cela au milieu d'une fumée noire et sulfureuse, qui ne permettait pas de se voir à deux pas.

Il est plus facile de concevoir que d'exprimer l'épouvantable confusion qui dut régner à bord de cette galère; car on ne put voir tout de suite l'étendue des pertes que cet accident avait causées. Plusieurs officiers de *la Capitane* avaient été tués ou blessés; M. de Vivonne lui-même avait été fortement contusionné. *La Capitane* recueillit trois matelots de *la Thérèse*, qui seuls échappèrent au désastre; le reste périt.

Le combat continua encore pendant quelque temps avec un égal acharnement de part et d'autre; mais les bordées des Turcs, de moins en moins nourries, cessèrent bientôt. Une assez forte brise du sud s'étant élevée, la fumée qui voilait la ville et les ouvrages des Turcs, se dissipant peu à peu, permit de voir un pavillon blanc et bleu, qui flottait au sommet du fort *Martiningo*. C'était le signal convenu entre la ville et l'escadre pour faire cesser le feu.

Lorsque le vent eut dissipé la fumée qui couvrait les retranchements des Turcs, on vit leurs batteries à fleur d'eau peu endommagées, et leurs revêtements presque intacts.

Selon qu'on en était convenu dans le conseil, les vaisseaux profitèrent de cette brise du sud pour s'élever au nord et regagner leur mouillage de la *Fosse*, tandis que les galères regagnèrent le port Saint-Nicolas, ayant *la Capitane* à leur tête.

Dans ce combat, Tourville donna de nouvelles preuves de son courage. M. de Vivonne, dans son rapport au roi, ne le nomma pas expressément, parce que, dit-il, « il serait difficile de désigner à « Votre Majesté lequel fit le mieux en cette ren- « contre; car tous les capitaines de vaisseaux et « de galères ont également bien fait leur devoir. »

Il n'y eut pas d'autre action navale jusqu'au moment où les troupes du roi, réduites de 7,000 hommes à 2,000, s'embarquèrent pour retourner en France, et ce fut le 31 août que la flotte mit à la voile. Trois jours après le départ des Français, la ville de Candie capitula à des conditions assez avantageuses.

Ainsi cette expédition, organisée à grands frais, et qui coûta à la France des pertes énormes en hommes et en argent, ne fit que retarder de quelques mois la soumission de Candie à la domination des Turcs (1).

(1) Au moment où nous écrivons ces lignes, cette domination, après deux siècles d'existence, est menacée par une insurrection formidable, qui tend à secouer le joug des Turcs, et à réunir Candie au royaume de Grèce.

CHAPITRE VI

C'était la première fois, lors de la campagne de Candie, que Tourville se trouvait faire partie d'une grande armée navale; sans doute il avait eu l'occasion d'y déployer son courage, mais il n'avait pu y puiser ces leçons de haute stratégie que peuvent seuls donner des chefs habiles et expérimentés; et il faut bien le dire, MM. de Beaufort et de Vivonne, quelle que fût d'ailleurs leur valeur personnelle, n'étaient pas à la hauteur de la mission qui leur était confiée. Mais bientôt il allait être appelé sur un théâtre où il se trouverait en présence des premiers marins de l'époque.

En effet, l'Angleterre et la France venaient de déclarer la guerre à la Hollande (7 avril 1672), et une escadre française, dont Tourville faisait partie, sous les ordres du vice-amiral comte d'Estrées, alla rejoindre la flotte anglaise, commandée par le duc d'York, frère du roi et grand amiral d'Angleterre (depuis roi lui-même sous le nom de Jacques II), généralissime des deux flottes alliées. Le 7 juin, les flottes alliées livrèrent une grande bataille près de Southwood-Bay, sur la côte orientale d'Angleterre, à la flotte hollandaise, commandée par le célèbre amiral Ruyter. On se battit pendant deux jours, et la flotte hollandaise fut mise en fuite, non sans avoir fait éprouver de rudes pertes aux Anglais. Dans ce combat, l'escadre française, composée de trente navires de guerre, formait trois divisions; la droite ou l'avant-garde était commandée par le contre-amiral Duquesne; le centre ou corps de bataille, par le vice-amiral comte d'Estrées; et la gauche ou l'arrière-garde, par M. des Rabesnières, chef d'escadre. Dans cette division se trouvait Tourville, commandant le vaisseau *le Sage*, de 50 canons et de trois cents hommes d'équipage. Il se distingua d'une manière si brillante pendant la bataille, que le comte d'Estrées, écrivant au roi pour l'informer de sa victoire, cita le chevalier de Tourville avec les plus grands éloges.

Le 7 juin de l'année suivante, jour anniversaire de la bataille de Southwood-Bay, une nouvelle bataille navale fut livrée entre les flottes alliées et l'escadre hollandaise. Dans cette seconde affaire, le chevalier de Tourville montait *le Sans-Pareil*, de soixante-six canons et de quatre cents hommes d'équipage : il soutint pendant plus d'une heure le feu de plusieurs vaisseaux hollandais, et parvint même à en couler un.

En 1674, la ville de Messine se révolta contre les Espagnols, alors maîtres de la Sicile. Les Messinois envoyèrent une députation à Louis XIV, qui était en guerre avec l'Espagne, pour lui demander des secours et se mettre sous sa protection. Les avantages que devait trouver Louis XIV dans le soulèvement de Messine étaient si évidents, qu'il n'hésita pas à envoyer sur-le-champ quelques secours aux Messinois, sans pourtant se décider encore à les prendre tout à fait sous sa protection. Le chevalier de Valbelle, d'une ancienne famille de Provence, et l'un des meilleurs officiers des vaisseaux du roi, fut chargé de conduire ce secours, formant une petite escadre de six vaisseaux de guerre, trois brûlots, une tartane et une barque chargée de blé. Il arriva à Messine le 27 septembre 1674; mais, après moins d'un mois de séjour,

voyant la grande disette qui régnait dans cette ville,
et ne pouvant plus même assurer la subsistance
de ses équipages, le chevalier de Valbelle résolut
de retourner en France pour exposer nettement
au roi quelles chances de succès offrait cette expédition, et aussi pour aller chercher les vivres et les
provisions nécessaires à la conservation de cette
ville. Don Antonio Caffaro fut chargé par le sénat
d'accompagner M. de Valbelle en France, avec le
titre d'envoyé plénipotentiaire, ayant mission
de supplier Sa Majesté très-chrétienne de ne
pas abandonner un peuple qui ne voulait avoir
d'autre maître que lui.

Le 14 octobre, le chevalier de Valbelle quitta
donc la Sicile avec son escadre, et peu de jours
après il arriva à Toulon. Il se rendit sur-le-champ
à Versailles, pour entretenir le roi sur cette campagne et ses résultats.

Après plusieurs conférences, Louis XIV fit re-
partir le chevalier pour Toulon, avec l'ordre de
retourner à Messine, et d'y conduire M. le marquis
de Vallavoire, lieutenant général, qui devait commander les troupes de débarquement. Cet officier
général, brave, habile, et l'un des meilleurs tacti-
ciens de ce temps-là, était en tous points très-
capable de remplir cette importante mission, d'au-

tant mieux qu'il connaissait parfaitement le pays, et la guerre qu'il convenait d'y faire, s'étant fort distingué au siége de Castellamare, en 1654.

Le 18 décembre, M. de Valbelle mit à la voile avec son escadre, composée, comme nous l'avons dit, de six vaisseaux, trois brûlots et quelques bâtiments légers. Cette escadre parut en vue de Messine le 1ᵉʳ janvier 1675. Lorsque les vaisseaux de France arrivèrent, tout était si désespéré dans Messine, que le sénat était sur le point d'entrer en accommodement avec les Espagnols, qui cernaient la mer et occupaient plusieurs forts du côté de la terre.

L'escadre espagnole, forte de vingt-trois vaisseaux et de six galères, croisait en dehors du détroit lorsque les six vaisseaux et les trois brûlots français se montrèrent. M. de Valbelle louvoya donc en face du phare, n'osant encore s'aventurer dans le port, s'attendant à être attaqué et n'ayant pas de pilote; mais le lendemain, 2 janvier, voyant la contenance indécise de la flotte espagnole, il se hasarda intrépidement à forcer le détroit et y réussit.

Son arrivée ranima la confiance des Messinois, et avant le 2 janvier presque tous les forts qui menaçaient la ville s'étaient rendus aux Français.

Mais dès le mois suivant la famine commença à se faire sentir de nouveau ; les vivres apportés par M. de Valbelle tiraient à leur fin. La flotte espagnole, honteuse de la peur qu'elle avait eue, était revenue croiser devant le phare. Les secours qu'on attendait de France n'arrivaient pas ; et la disette et les souffrances avaient tellement exalté une partie de la population, qu'elle fit plusieurs tentatives pour forcer M. de Vallavoire de se rendre aux Espagnols. Les troupes françaises murmuraient aussi ; et l'armée espagnole, instruite de la terrible position de la ville, s'était approchée de ses murs par terre et par mer, n'attendant plus que l'heure de sa reddition, qui ne pouvait être retardée de deux jours, si le secours qu'on attendait de France ne paraissait pas enfin.

Le 11 février au matin arriva ce secours tant désiré. C'était une escadre de huit vaisseaux de guerre commandée par M. de Vivonne, nommé vice-roi de Sicile, ayant sous ses ordres, comme vice-amiral, le brave Duquesne. Mais pour entrer à Messine il fallait combattre la flotte espagnole, forte de quarante navires de guerre, tant vaisseaux que galères, et commandée par l'amiral don Melchior de la Cueva, qui passait pour un brave et excellent marin. Déjà Duquesne avait ordonné à son escadre le branle-bas de combat, déjà le chevalier de Valbelle, à la tête de sa petite escadre, sortant du port de Messine, s'apprêtait à le seconder, lorsque l'on s'aperçut, avec une surprise indicible, que la flotte espagnole manœuvrait de manière à éviter le combat, et que bientôt elle se couvrait de voiles et fuyait dans la direction du nord-est. Cette conduite inqualifiable d'un amiral qui avait à sa disposition une armée navale presque quatre fois plus forte que les deux escadres françaises réunies, fut attribuée par les uns à la lâcheté, par les autres, avec plus de vraisemblance, à la corruption.

Quoi qu'il en fût, Vivonne et son escadre, avec un nombreux convoi de vivres, fît son entrée sans difficulté dans le port de Messine. Le lendemain il fut installé, au milieu des acclamations de la population entière, comme gouverneur de Messine et vice-roi de l'île de Sicile.

Pour compléter l'occupation de cette grande île, les forces que Vivonne avait à sa disposition étaient insuffisantes. Aussi, dès sa première dépêche, demanda-t-il de nouveaux secours au roi. Colbert, après avoir pris les ordres de Louis XIV, s'empressa de lui annoncer un nouveau secours d'hommes, de vaisseaux et de provisions; mais,

grâce à l'incessante jalousie de Louvois, ce secours
fut beaucoup moindre que celui qu'on avait pro-
mis, et il se borna à un envoi de trois vaisseaux,
commandés par M. d'Almeiras, lieutenant général, qui devait porter le pavillon de contre-amiral
lorsqu'il aurait rejoint la flotte. Ces vaisseaux
étaient *le Magnifique, la Syrène* et *le Comte.*
Le roi choisit lui-même les officiers qui devaient
les commander. Le premier, fort de soixante-
douze canons et de quatre cent cinquante hommes d'équipage, monté par le lieutenant général
d'Almeiras, eut pour capitaine le chevalier de Mon-
bron-Surnun; le second, vaissseau de quarante-
quatre canons et de deux cent cinquante hommes
d'équipage, reçut pour capitaine le chevalier de
Tourville, et pour capitaine en second le chevalier de Coëtlogon; enfin le troisième, de même
force, avait pour commandant M. d'Infreville-
Saint-Aubin.

Quoique ce secours fût moins important que
celui qui avait été annoncé, cependant, avec des
hommes tels que Vallavoire, Duquesne, d'Almeiras, Tourville, Valbelle, Gabaret et quelques autres encore, un chef plus résolu et plus capable
que M. de Vivonne aurait facilement conquis et
soumis la Sicile tout entière; mais le vice-roi ne

songeait qu'à ses plaisirs et s'abandonnait à une incurable paresse, qui entravait même le peu d'expéditions glorieuses qui aient été tentées pendant sa vice-royauté. Cette indolence insouciante nuisit même à sa réputation de bravoure, dont il avait pourtant donné de si nombreuses et de si vaillantes preuves. Mme de Sévigné, qui était pourtant des amies de Vivonne, dit à ce propos dans une lettre à Mme de Grignan :

« D'ici à demain je ne pourrai pas vous dire à
« quel point votre épisode de Messine m'a divertie;
« mais qu'est devenue cette valeur dont *il* se pi-
« quait autrefois dans sa jeunesse? Le prince (Vi-
« vonne) me paraît comme le comte di Culagna
« dans la Secchia, et pour la figure, n'est-il point
« exactement comme on dépeint le sommeil dans
« l'Arioste, et comme Despréaux représente la
« Mollesse dans son *Lutrin?* »

De fait, M. de Vivonne était tellement sous l'empire de cette mollesse, que pendant plus de quatre mois il n'eut pas le courage d'écrire au roi une seule dépêche sur les affaires de Sicile. Les journées se passaient pour le vice-roi en fêtes, en festins et en plaisirs, abandonnant à des subalternes l'administration et les soins du gouvernement.

Cependant M. de Vallavoire, prenant l'occupation de Messine au sérieux, ne comprenait pas l'inertie de M. de Vivonne, qui, satisfait de garder Messine et de tenir la mer libre, n'avait encore tenté aucune entreprise dans l'intérieur de la Sicile, qui appartenait toujours aux Espagnols.

Après avoir longtemps réfléchi à l'expédition qui pouvait le plus servir à l'occupation française en cas de succès, M. de Vallavoire s'était proposé d'attaquer Melazzo, ville forte, distante de dix lieues de Messine par terre, et de près de vingt lieues par mer. La prise de cette ville eût rendu les Français maîtres de presque toute la côte septentrionale de la Sicile, et eût ouvert à notre armée les vastes et fertiles plaines de Castania, ce qui aurait mis pour toujours Messine à l'abri de la famine.

Persuadé de l'importance de ce projet, le général alla soumettre ses vues au vice-roi, ne lui demandant que deux mille cinq cents hommes de troupe française et quinze cents Messinois pour arriver jusqu'aux faubourgs de la ville, qu'il emporterait facilement, si, de son côté, M. de Vivonne venait l'attaquer par mer avec une escadre de vaisseaux et de galères.

M. de Vivonne écouta ce plan, l'accueillit à merveille, et promit de le seconder avec la flotte de tout son pouvoir.

Sur cette assurance M. de Vallavoire partit dans la nuit du 9 au 10 juin, et arriva le 15 devant les faubourgs de Melazzo, après avoir traversé le plat pays, qui avait accueilli les Français avec enthousiasme et les avait abondamment fournis de vivres. A son approche, les habitants espagnols et les partisans de l'Espagne avaient quitté Melazzo, ne doutant pas que les forces navales des Français ne vinssent les attaquer par mer, et croyant alors toute résistance impossible. Tel était l'état des choses, quand M. de Vallavoire arriva en vue de cette ville. Il comptait sur un succès assuré, lorsqu'il reçut une dépêche de M. de Vivonne lui annonçant que, plusieurs raisons empêchant l'armée navale de se rendre devant Melazzo, le vice-roi ordonnait aux troupes de terre destinées à cette expédition de revenir à Messine.

Ce fut *un chagrin terrible* pour le général, comme il le dit dans sa lettre à Colbert; mais il lui fallut obéir.

Le résultat de cette expédition, qui devait être si avantageuse, eut au contraire des suites déplorables. Les habitants du plat pays qui s'étaient déclarés pour les Français furent, après leur retraite, maltraités par les Espagnols, qui en firent même périr quelques-uns, en jetèrent d'autres en prison et les rançonnèrent tous. Le sort de ces malheureux fut un terrible exemple pour le reste de la Sicile; aussi, dans la suite, toute tentative pour opérer quelques nouveaux soulèvements en faveur de la France demeura inutile.

De violents murmures s'élevèrent de la part de tous les Français contre l'étrange conduite de M. de Vivonne en cette circonstance; on l'attribuait non-seulement à sa paresse, à son insouciance habituelle, mais encore à une criminelle faiblesse pour certains individus de son entourage, qui, spéculant avec des bénéfices énormes sur les vivres venus de France, n'auraient pu faire les mêmes gains si l'armée se fût approvisionnée en Sicile, ce qui serait arrivé si l'expédition de Melazzo eût réussi. C'est alors qu'ils usèrent de leur détestable influence pour ancrer encore leur maître dans une apathie qui servait si bien leur cupidité.

Vivonne fut frappé lui-même de tout ce qu'il y avait eu de cruellement blâmable dans son inertie, à propos de l'expédition de Melazzo : aussi se résolut-il à faire quelque apparence d'action, afin de balancer le mauvais effet de sa conduite passée.

Après avoir renvoyé Duquesne en France pour chercher des vivres, dont Messine commençait à manquer, le vice-roi monta *le Sceptre*, vaisseau amiral, et, à la tête des plus forts bâtiments de l'escadre, il mit à la voile pour Naples, afin d'y aller brûler, disait-il, les vaisseaux espagnols qu'on y radoubait alors; nous verrons tout à l'heure une juste appréciation, de la main de Tourville, de cette expédition, qui se borna à une croisière de quelques jours, sans même avoir paru devant Naples.

Pendant cette courte absence de Vivonne, il se passa un des plus hauts faits d'armes de la marine française, dont le héros fut le chevalier de Tourville.

Pendant l'absence de Vivonne, M. de Vallavoire envoya un rapport à Colbert sur ce fait d'armes; et sans doute le vice-roi, prévenu comme il l'était contre Tourville, n'eût pas rendu à ce jeune et brillant capitaine la justice que le général rendit au chevalier en racontant cet admirable combat à Colbert. Voici les principaux passages de cette lettre, dont l'original est déposé aux archives de la marine.

LE MARQUIS DE VALLAVOIRE A COLBERT.

« Messine, 31 juillet 1675.

« Je croyais, Monseigneur, n'avoir à vous écrire que lorsque M. de Vivonne serait de retour; mais les dernières actions de MM. les chevaliers de Tourville et de Léry sont trop belles pour attendre plus longtemps à vous en faire part.

« Étant allés dans le golfe de Venise pour empêcher que les ennemis ne fissent passer quelques troupes du port de Thiery dans la Pouille, et ayant appris que ces troupes étaient déjà débarquées à Piscare, mais que quelques-uns des vaisseaux qui les avaient portées s'étaient retirés à Barlette, ils résolurent de les aller attaquer; et voici comment ils exécutèrent leur dessein.

« Ils arrivèrent à l'entrée de la nuit à vue de Barlette (1), et ayant aperçu trois vaisseaux sous la forteresse de la ville, ils allèrent mouiller le lendemain à une portée de mousquet des murailles. Après avoir canonné quelque temps ces vaisseaux, ils mirent en mer quatre chaloupes com-

(1) *Barletta*, dans la terre de Barri, est une ville de 16,000 habitants, sur l'Adriatique. Elle a un beau port et une grande citadelle.

mandées par le chevalier de Coëtlogon, lesquelles,
à la faveur de leur feu, allèrent, nonobstant celui
du canon et de la mousqueterie ennemie, aborder
le plus gros desdits vaisseaux, qui était chargé de
blé et armé de cinquante pièces de canon.

« Celui-ci se trouva vénitien, et ne fit aucune
résistance;... mais les deux autres étant espagnols,
le chevalier de Coëtlogon poursuivit son chemin,
et, malgré tout le feu de la ville et d'une galiotte
armée qui était dans le port, se rendit encore maître d'un de ces vaisseaux, coupa ses amarres et
l'emmena aux nôtres.

« Cela fait, il retourna au vénitien pour le faire
mettre à la voile, et pour cela essuya derechef
tout le feu du vaisseau qui restait, sur lequel
les Espagnols avaient encore jeté quantité de
monde.

« Ils n'en demeurèrent pas à cette action; mais,
la nuit suivante, ils résolurent de l'aller brûler
dans le port : il portait vingt pièces de canon,
seize pierriers, et était défendu de tous côtés par
la ville : tout cela n'empêcha pas nos gens d'exécuter leur dessein, et ils attaquèrent ce bâtiment
avec tant de vigueur, qu'au premier abord tous
ceux de son équipage l'abandonnèrent...

« De là MM. les chevaliers de Tourville et de

Léry, avec leur escorte et leur prise, allèrent à
Raguse (1), où ils ne firent pas moins paraître
d'esprit et d'adresse qu'ils venaient de témoigner
de vigueur et d'intrépidité... Ils reprochèrent aux
jurats (magistrats de la république) de ce qu'ils
fournissaient aux Espagnols des marins et des ra-
fraîchissements, et qu'ils ne faisaient pas la même
chose pour les Français; ils les menacèrent sur
cela de les venir brûler dans leur port, et enfin les
surent si bien intimider, qu'ils leur promirent de
garder à l'avenir d'autres mesures..... »

Jusque-là tout avait réussi à nos intrépides marins; ils parvinrent encore à rentrer à Messine
avec leur prise; mais une frégate de l'expédition,
commandée par M. de Gossonville, contrariée par
les courants, ne put rentrer avec les autres bâtiments de l'escadre; le calme étant survenu, cette
frégate fut portée par les courants jusque sous le
canon de Reggio (2), et là elle fut prise par les ga-

(1) Raguse, ville de Dalmatie sur l'Adriatique, possède deux
ports et est bien fortifiée. Elle formait alors une petite république
indépendante.

(2) Cette ville, qu'il ne faut pas confondre avec une autre du
même nom dans le duché de Modène, est située sur le détroit de
Messine, à la pointe S.-O. de l'Italie, et n'est éloignée de Messine
que de la longueur du détroit, qui en cet endroit n'a pas plus de
deux lieues.

lères espagnoles, qui l'emmenèrent dans le port de Reggio, à la vue de nos braves marins, désolés de ne pouvoir lui porter secours.

Tourville, résolu de se venger de cette espèce d'affront, forma le projet, puisqu'il ne pouvait reprendre ce navire, d'aller le brûler dans le port même de Reggio. Il fit part de ce projet à son ami de Léry, et, après l'avoir communiqué à M. de Vallavoire, on convint de le mettre à exécution dès que le vent serait devenu favorable.

Le samedi suivant, la brise étant *à souhait,* ils se firent remorquer par les galères pour sortir du port de Messine; mais écoutons sur ce fait d'armes le rapport de M. de Vallavoire.

« ..... Le chevalier de Tourville silla (*cingla*) le premier du côté de Reggio, et, s'allant mettre en panne à portée de canon de la ville, essuya tout le feu de la forteresse et des bastions, pour donner le temps à M. de Léry et au capitaine Serpaut, qui le suivait avec brûlot, de pouvoir exécuter son dessein.

« Ce dernier, à la faveur du feu de nos vaisseaux, qui se mirent tous deux en panne devant Reggio, et qui commencèrent à lui lâcher toutes leurs bordées, alla jusqu'au lieu où était la frégate, trouva moyen d'y accrocher son brûlot, et y mit le feu en même temps.

« ..... Tandis que la frégate brûla, nos vaisseaux demeurèrent toujours dans la même place, faisant un feu continuel pour empêcher ceux de la ville de la venir secourir. Cependant quatorze ou quinze bâtiments chargés, qui étaient au-dessous du vent, furent bientôt embrasés comme elle, et le feu se portant jusqu'à un magasin de poudre qui était voisin d'un bastion, le fit sauter et le bastion presque avec lui. Le désordre fut si grand dans cette occasion, et la terreur, comme le remarquèrent ces messieurs, si grande, qu'ils disent que s'ils avaient eu quelques troupes pour faire une descente, ils croient qu'ils auraient pu se rendre maîtres de Reggio.....

« Après avoir vu brûler tout ce qui était dans ce port, ils reprirent leur navigation, mais beaucoup plus lentement qu'ils n'auraient pu faire s'ils se fussent voulu servir du vent qui était alors assez frais, pour montrer à ceux de Reggio qu'ils n'appréhendaient ni leurs bastions, ni leurs forteresses.

« Toute la ville de Messine, qui fut témoin de cette action, en a reçu une joie que l'on ne peut dire... A l'égard des ennemis, elle va rendre tous leurs ports inutiles, et, à la réserve d'Agosta, je ne crois pas qu'ils se trouvent en sûreté en quelque port que ce soit...»

Il existe encore dans les archives de la marine, au sujet de cette action, une lettre originale de Tourville, dont malheureusement la fin a été anéantie. Il est hors de doute qu'elle contenait des renseignements d'une grande importance, puisqu'en marge de cette dépêche on lit ces mots de la main de Colbert : *Tout ceci est très-important; il y a bien des articles sur lesquels il faut prendre les ordres du roi.*

On peut juger de l'intérêt de cette dépêche par un passage où le chevalier se plaint de la fonte de plusieurs canons qui crevèrent et intimidèrent tellement l'équipage, que *la Sirène* ne fit pas le feu qu'elle devait faire. Ce passage est souligné avec un renvoi aussi de la main de Colbert, portant ces mots : *Important; il faut savoir d'où viennent ces canons.*

Sans doute que les observations de Tourville avaient trait au matériel et à la discipline des vaisseaux; du moins les autres parties de la correspondance avec le roi et les ministres, qui sont heureusement conservées intactes, le laissent à

penser; car, d'après la lecture de ces précieux do-
cuments, il demeure bien démontré que Tourville
fut un des premiers à réclamer la réforme d'une
foule d'abus que Colbert n'avait pu que signaler,
ayant d'abord à fonder, à créer le matériel d'une
marine tout entière, que son successeur devait per-
fectionner.

CHAPITRE VII

SUITE DE L'EXPÉDITION DE MESSINE.
— AFFAIRE D'AGOSTA. — BATAILLE DE PALERME.
— TOURVILLE EST NOMMÉ CHEF D'ESCADRE.

Le vice-roi, après être rentré à Messine à la
suite de sa promenade sur les côtes d'Italie, se
replongea dans son incurable apathie, et n'entre-
prit aucune nouvelle expédition pour étendre la
domination française dans l'île.

Il fallut l'arrivée d'une nouvelle de la plus haute
importance pour le tirer de sa torpeur : c'était
l'annonce d'un traité d'alliance de l'Espagne avec
les Provinces-Unies, et de l'arrivée prochaine dans
la Méditerranée de l'amiral Ruyter avec la flotte
hollandaise. Il ne put se dispenser alors d'assem-
bler le conseil de marine, dans lequel figuraient

MM. de Valbelle et de Tourville, dont les avis étaient justement appréciés. Après de longues délibérations, il fut décidé, pour plusieurs raisons, que l'occupation de la ville et du port d'Agosta, situés sur la côte orientale de la Sicile, et à quatre-vingts lieues environ de Messine, vers le sud, était de la plus haute et de la dernière importance.

En effet, la possession d'Agosta assurait la navigation de toute la partie méridionale de la Sicile, et l'entrée dans Messine par le sud du phare. De plus, cette ville était alors le magasin de blé de l'armée espagnole. Or, en supposant que la flotte hollando-espagnole fût de beaucoup supérieure aux forces navales françaises, il était à craindre que, resserrant Messine par un blocus étroit, Ruyter ne réduisît cette ville à une nouvelle disette, tandis que la prise d'Agosta et des magasins qui s'y trouvaient, en assurant les vivres de Messine pendant six mois, neutraliserait cette crainte; enfin le conseil regardait surtout comme indispensable, non-seulement au succès général de l'occupation, mais au maintien particulier de la possession de Messine, qu'Agosta fût aux mains des Français avant que les Espagnols eussent livré ce vaste et beau port à la flotte hollandaise, qui, commandant alors ces parages par cette position maritime, aurait fermé à la France toute navigation et tout arrivage par le sud du détroit du phare.

Il fallait d'aussi puissants motifs, appuyés des plus pressantes sollicitations et des instances réitérées des membres du conseil de marine, pour décider Vivonne à prendre en considération ce projet sur Agosta; mais il est hors de doute, ainsi qu'on le verra tout à l'heure, que sans la conduite énergique et décidée de Tourville, qui, allant à bord du vice-roi au moment du combat, le força, pour ainsi dire, de donner des ordres décisifs, Vivonne se fût encore contenté d'une vaine démonstration, et qu'après avoir fait voir le pavillon du roi sur ces côtes, il s'en fût revenu à Messine comme lors de sa tentative sur Naples.

Voici quelques passages d'une lettre de Tourville au marquis de Seignelay, fils de Colbert, dans laquelle il rend compte de la prise d'Agosta.

« Vous apprendrez, Monsieur, la prise d'Agosta. Je ne me chargerai point de vous en faire un détail; on doit beaucoup au peu de vigueur de ceux qui commandaient les forts, qui n'ont fait aucune résistance dans des lieux où des Français auraient tenu trois mois. J'obtins de M. de Vivonne d'entrer

dans le port à la tête de l'armée, par la connaissance que j'avais du lieu; il commanda six navires
pour battre le fort qui est dans la mer à l'entrée,
où je fus mouiller à une portée de fusil; il distribua ensuite les autres vaisseaux pour battre les
autres forts. Notre grand feu fit cesser celui du
fort que nous attaquions, et ceux qui commandaient prirent le parti d'attendre qu'on les vînt
attaquer à coup de main; quoiqu'on n'eût point
d'ordre d'aller aux forts, je crus qu'il était à
propos d'envoyer une chaloupe pour voir ce que
voudraient dire les ennemis : je détachai le chevalier de Coëtlogon avec quelques mousquetaires.
*Lui, par son peu de connaissance du métier de
terre* (1), alla s'attacher à la première barrière,
qu'il fit couper à coups de hache, malgré une
grêle de boulets de canon et de pierres et de quelques coups de mousquets; ce que voyant de mon
bord, j'eus peur qu'il n'y demeurât. Je m'embar-
quai dans mon canot avec tous les soldats que je
pus prendre pour le secourir; je le trouvai à la
seconde barrière; ils mirent pavillon blanc, et
comme nous en étions à la porte pour parler, ils

---

(1) Ces mots sont effacés dans l'original, mais il est encore
possible de les lire.

commencèrent de nouveau à coups de mousquets et à coups de pierres sur nous; cela dura bien une heure; ils nous firent une seconde bandière blanche, et nous manquèrent une seconde fois de parole; ils ne se rendirent que lorsque j'allais faire brûler la porte : le gouverneur vint en bas et demanda à capituler, ce que je fis dans les formes... Notre grande confiance fut heureuse, et ce fut le seul fort qui se défendit... Je prends la liberté de vous écrire au vrai ce qu'il en est, parce que je suis persuadé que vous en ferez ma cour au roi, et que vous n'oublierez pas de faire celle de Coëtlogon, qui a bonne part à tout et à qui je donne quelquefois de rudes corvées. J'espère qu'avec votre assistance et les petits succès que j'ai eus cette campagne, je pourrai sortir cet hiver de l'emploi de capitaine de vaisseau, qui me devient assez insupportable. Je compte, Monsieur, que vous me permettrez de vous aller voir cet hiver.

« LE CHEVALIER DE TOURVILLE. »

(*Archives de la Marine.*)

Par suite de ce hardi coup de main, tous les autres forts se rendirent sans résistance, et la ville d'Agosta fut occupée immédiatement par l'armée française. M. de Mornaz, maréchal de camp, fut nommé par Vivonne commandant de cette place; puis, y ayant laissé quatre vaisseaux, il revint avec joie dans la capitale de la Sicile, où il fut reçu en véritable conquérant, et où il reprit sa vie paresseuse et débauchée.

Enfin voici une lettre confidentielle de Tourville à Colbert, qui donne des détails curieux sur la conduite du vice-roi et sur son incroyable incurie. Elle est datée d'Agosta du 2 septembre 1675, et adressée à Colbert :

« Bien que je ne me sois pas fort étendu sur les circonstances du voyage que j'ai fait au golfe de Venise, je craindrais que ma lettre ne vous ennuie si je ne savais que M. de Vivonne a pris toutes les précautions possibles pour empêcher que vous ne soyez importuné des lettres de l'armée navale, et s'il n'avait pas jugé à propos d'envoyer en France à l'insu de tout le monde, afin que vous ne sussiez que par lui tout ce que nous faisons et tout ce que nous ne faisons pas; mais comme il est important que vous sachiez exactement les choses que j'ai à vous écrire aujourd'hui, je prendrai à mon tour mes précautions afin que ma lettre parvienne jusqu'à vous, et peu s'en est

fallu que je n'aie frété une barque à mes dépens,
afin de la charger de mon paquet... En tout cas,
je suis persuadé que je ne cours aucun risque à
vous parler à cœur ouvert comme j'ai toujours
fait...

« Il serait fâcheux à toute la marine que les officiers généraux ne fussent en droit de rejeter sur
M. de Vivonne le ridicule de la retraite de Melazzo,
et il était de notre honneur à tous qu'on ne tînt
pas plus longtemps les vaisseaux dans le port. C'est
pour cela que l'on me détacha du côté du golfe,
et qu'ensuite M. d'Almeiras étant arrivé avec six
gros navires, on forma l'entreprise d'aller brûler
les vaisseaux espagnols jusque dans le port de
Naples. M. de Vivonne alla à ce grand dessein
avec une confiance admirable, et les difficultés ne
lui parurent considérables que sur le point de
l'exécution. Il exclut tous les capitaines du conseil, où l'on prit la résolution de ne pas exposer
les vaisseaux du roi, et de retourner à Messine
comme on était venu. Je crois qu'il vous aura fait
savoir la chance qu'il eut de trouver pendant un
calme plusieurs barques chargées de blé, sans quoi
les murmures des Messinois auraient été grands...
On demeura ensuite plus de quinze jours sans
rien faire, malgré les plaintes que tout le monde

faisait de ce que nos vivres et le temps se consu-
maient pour rien. Enfin ce que j'avais fait à
Barlette et à Reggio étant suffisant pour con-
vaincre que les propositions d'aller chercher
du blé sous le canon des places ennemies n'é-
taient pas des propositions extravagantes, et la
nouvelle du passage des Hollandais en cette mer
étant venue, et la crainte de retomber dans la
disette des vivres se renouvelant à l'entrée de l'hiver, le conseil de M. de Vivonne conclut, d'après
l'avis du conseil de marine, qu'il fallait tenter le
pillage d'Agosta, et l'on partit après tout cela,
sans ordres, sans signaux et sans rendez-vous,
le jeudi 15 août, avec vingt-neuf vaisseaux,
vingt-quatre galères et douze brûlots, et l'on
crut qu'avec cela nous pourrions entrer dans ce
port, malgré les cinq forteresses qui en font la
sûreté. C'était là tout le dessein, et même on lais-
sait entrevoir qu'une aventure comme celle du
retour de Naples *satisferait l'ambition de ceux
qui nous conduisaient,* et que deux ou trois barques chargées de blé, si on les pouvait trouver,
étaient tout ce qu'il fallait, selon eux, pour ôter le
ridicule de ce petit voyage. Nous arrivâmes le 17
en vue d'Agosta. Comme je vis qu'on ne nous
avait donné aucun ordre, j'allai à bord de M. de

6*

Vivonne pour savoir de quoi il était question, et je m'offris d'entrer le premier dans ce port, comme en ayant plus de connaissance que personne; voilà ce qui fut cause que j'eus la tête de tout le détachement. Je ne vous conterai point les particularités d'une aventure dont la fortune mérite toute la gloire. J'aurais intérêt que cela ne fût pas ainsi, puisque personne ne partage avec moi l'honneur d'avoir pris le fort d'Avalos, qui est la première, la plus forte et la plus importante des cinq forteresses, et que c'est cette prise qui a donné le branle à tout le reste; mais les Espagnols y ont plus contribué ni que moi ni que personne, et sans leur négligence et leur lâcheté, ils seraient encore maîtres de ce poste, qui est plus important qu'on ne saurait l'imaginer. J'avoue que la manière brusque dont on les attaqua mérite des louanges, et que ce fut en partie ce qui étonna les ennemis; mais enfin, si des Français avaient fait la même chose, ils seraient déshonorés et ils mériteraient d'être punis.... Mais, pour revenir à des choses plus importantes, je crois que ce ne sera pas un mal pour les affaires du roi, que ce soit M. Duquesne qui nous mène chercher les ennemis; il me paraît aussi bien intentionné qu'il est habile et capable.

Je vous demande en grâce, Monsieur, si on dé-
sarme quelque vaisseau, que je sois du nombre,
afin d'aller à Paris pour vous faire ma cour, et de
me tirer, avec votre protection, de l'état de capitaine de vaisseau à un plus grand. Je ferai toujours mon devoir, et je vous regarderai uniquement
ment comme la personne du monde pour qui j'ai
le plus de respect. »

« LE CHEVALIER DE TOURVILLE. »

(*Archives de la Marine.*)

On voit que, grâce à la lâcheté des Espagnols,
la prise d'Agosta n'offrit pas de grandes difficultés ; mais si la facilité de cette conquête ne fit
pas briller les armes françaises d'un grand éclat,
il y eut plusieurs faits d'armes particuliers extrê-
mement honorables pour quelques capitaines,
tels que Tourville et Coëtlogon.

On a vu que dans ses deux lettres Tourville
sollicitait un avancement, qu'il croyait bien dû à
huit ans de bons services dans le grade de capitaine ; il témoignait aussi le désir de quitter l'armée de Sicile et de venir passer l'hiver à Paris ;
mais il n'insista pas quand il apprit que Ruyter
avait fait sa jonction avec la flotte espagnole
pour venir attaquer les Français dans Messine,

et surtout quand il apprit que, selon le désir qu'il en avait manifesté, c'était Duquesne qui avait reçu le commandement de l'armée navale de France, et qu'il était chargé de combattre Ruyter. En effet, Duquesne était parti de Toulon le 17 décembre à la tête de vingt vaisseaux et de six brûlots, afin d'entrer dans Messine par le nord du phare, au risque d'avoir à forcer ce passage s'il était défendu par l'escadre hollando-espagnole.

Ruyter était arrivé à Melazzo dans le mois de décembre 1675; apprenant l'arrivée de Duquesne, il sortit le 1er janvier 1676 avec son escadre, sans attendre les vaisseaux espagnols, qui n'étaient pas encore pourvus de leurs agrès. Il croisa jusqu'au 5 entre le phare et les îles Stromboli, afin de fermer ce passage à la flotte française.

Duquesne, lui, était en vue des terres de Sicile depuis le 1er janvier, et le 5 se trouvait près de Stromboli. Il avait pu établir ses communications avec Messine, et plusieurs officiers de marine étaient venus le rejoindre. Ayant eu vent que l'armée hollandaise était dans le voisinage, il fit aussitôt ses dispositions de combat, dans lesquelles Tourville, appelé au commandement du *Sceptre*, vaisseau de soixante-douze canons, fut placé comme premier *matelot* du *Saint-Esprit,* monté par Duquesne, commandant général de la flotte.

Quoiqu'il n'eût toujours que le rang de capitaine, cependant, en passant du commandement d'un vaisseau de quatrième rang, comme *la Sirène,* à un vaisseau de deuxième rang, appelé à combattre sous les yeux d'un chef aussi distingué que Duquesne, c'était pour Tourville un avancement réel et qui satisfaisait pour le moment son ambition.

Les deux flottes restèrent, pour ainsi dire, en présence depuis le 5 jusqu'au 8 janvier. Ce jour-là, vers les six heures du matin, la brise ayant tout à coup passé du nord-est à l'ouest-sud-ouest donna l'avantage à Duquesne, qui en profita aussitôt pour arriver sur Ruyter, et à onze heures du matin l'action s'engagea vigoureusement entre les deux vieux marins. Le combat dura jusqu'à la nuit, et fut des plus meurtriers; cependant, quoique l'avantage eût paru indécis, on peut regarder la victoire comme remportée par Duquesne, puisque le but de sa mission était rempli, à savoir: la jonction de ses vaisseaux avec l'escadre d'Almeiras, et la rentrée de toute la flotte française à Messine.

Après le combat du 8 janvier, Ruyter retourna se ravitailler à Naples; de là, il se rendit à Palerme, où il attendit le marquis de Bayonna, qui le rejoignit le 14 mars avec quatre vaisseaux et un brûlot. Un conseil de guerre, composé d'officiers hollandais et espagnols, décida l'attaque de Messine par terre et par mer. Ce projet fut mis à exécution le 27. Ruyter, à la tête de cinquante voiles, tant vaisseaux que galères et brûlots, arriva en vue du phare de Messine et mouilla du côté de la Calabre. L'attaque par terre eut lieu en même temps, mais échoua complétement. Les Espagnols furent taillés en pièces, et ce qui échappa s'enfuit, abandonnant canon, bagages et munitions. Pendant ce temps-là, la violence du courant faisait dériver les vaisseaux hollandais jusqu'à la portée des batteries des forts de Messine, qui les canonnèrent vigoureusement.

La flotte hollandaise se réunit bientôt sur la côté d'Agosta et vint croiser devant cette ville, se préparant à l'attaquer. Sur l'ordre de Vivonne, Duquesne partit avec la flotte pour aller combattre Ruyter. Il le joignit en vue d'Agosta le 22 avril, et la bataille s'engagea aussitôt. Les deux avant-gardes de chaque armée engagèrent rudement l'action. Elles étaient commandées, du côté des Français, par le brave contre-amiral d'Almeiras, et du côté des alliés par Ruyter lui-même, qui avait laissé l'honneur de commander le centre de bataille à l'amiral-général du roi catholique, don Francisco de la Cerda. Dès le commencement du combat, d'Almeiras fut tué d'un coup de canon, et presqu'au même moment Ruyter fut blessé mortellement. Cet événement, quoiqu'il ne fût pas connu immédiatement, eut nécessairement une grande influence sur l'issue de la bataille. La flotte hispano-hollandaise, fort maltraitée, alla se réfugier dans le port de Syracuse, abandonnant le siége d'Agosta, qu'elle avait commencé. Duquesne entra avec la flotte dans le port d'Agosta deux jours après la bataille ; il en repartit le 29, pour retourner à Messine.

« Avant que de faire route pour cette ville,
« dit-il dans son rapport, je mis l'armée en ba-
« taille, et nous approchâmes fort dispos de
« Syracuse, dans lequel on nous avait persuadé
« ci-devant qu'il ne pouvait entrer de gros vais-
« seaux. Cependant nous eûmes le loisir de voir
« leur armée réduite à rester dans ce port dans
« le temps que nous tenions la mer et parais-

« sions à leurs peuples, tandis qu'on les voulait
« persuader que nous étions tous défaits. »

Cette immobilité de la flotte ennemie, que
Duquesne semble attribuer aux dommages qu'elle
avait soufferts, avait aussi une autre cause que
l'amiral français ignorait : ce jour-là même,
29 avril, à l'heure où la flotte française passait
fièrement en vue de Syracuse, le vieux Ruyter
mourait de ses blessures reçues à la bataille d'A-
gosta.

Dans le même rapport que nous venons de
citer, on lit le passage suivant : « J'ai sujet de
« me louer beaucoup des conseils et des actions
« de MM. de Preuilly, de Valbelle, de Tourville
« et du marquis d'Infreville ; le chevalier de Léry
« se distingua aussi en toute occasion. »

Il est à remarquer que Vivonne, dans son rapport sur la même affaire, ne fait aucune mention
de Tourville ; mais il devait bientôt se présenter
une occasion où le vice-roi serait forcé de lui
rendre justice et de reconnaître, non-seulement
son brillant courage et son admirable sang-froid,
mais encore les preuves évidentes d'un grand et
vaste génie.

C'est qu'aussi Tourville, qui avait alors trente-

quatre ans, depuis l'âge de dix-sept ans qu'il
naviguait, avait acquis déjà une longue expérience; c'est que dans bon nombre d'expéditions,
depuis celle de Candie jusqu'à celles de Sicile,
de Barlette, de Reggio, d'Agosta, il avait donné
non-seulement d'éclatantes preuves de courage,
mais aussi de justesse, et surtout de cette spon-
tanéité d'aperçu, qui distinguèrent toujours sa
manœuvre; ainsi, devant Palerme, devant Tunis,
devant Alger, on va voir, et on verra toujours le
chevalier ne se fiant qu'à lui du soin périlleux de
reconnaître la position de l'ennemi, les abords
d'une place ou le sondage d'une rade, s'aventurer seul dans une frêle embarcation pour aller,
sous le feu des batteries, avec un incroyable
sang-froid, chercher ces notions qu'il appelait
gaiement *le thème de son discours.* Puis, ce coup
d'œil perçant et profond une fois jeté, il pouvait
aussitôt résoudre avec une merveilleuse rapidité
l'expédient le plus convenable à l'attaque. Mais
revenons à l'affaire qui obligea enfin Vivonne à
rendre justice au mérite de Tourville.

Les Hollandais, après être restés quelques jours
à Syracuse, par suite de la mort de Ruyter, vinrent mouiller à Palerme le 15 mai, ayant passé
par le sud du phare et doublé la pointe méridio-

nale de la Sicile, afin de se réunir à la flotte
espagnole en relâche dans ce port, beaucoup
plus grand et plus commode que celui de Syracuse.

Lorsque cette nouvelle parvint à Messine, plusieurs capitaines de vaisseau, entre autres d'Infreville, Coëtlogon, Léry, Gabaret, de la Barre
et Tourville, se trouvaient réunis chez le chevalier
de Valbelle, récemment nommé chef d'escadre.
« Ah ! s'écria tout à coup Tourville, quel magnifique coup de filet il y aurait à faire !

— Je vous comprends, chevalier, dit Valbelle
en souriant : vous voulez dire sans doute qu'on
pourrait s'emparer des deux flottes dans le port
même ? mais cela me paraît un peu difficile.

— S'en emparer, reprit Tourville avec gravité,
ne serait sans doute pas chose facile; mais les
détruire, ou tout au moins les endommager au
point de les rendre incapables d'être pour nous
désormais le moindre sujet d'inquiétude, voilà ce
que je crois praticable et dont j'oserais garantir
le succès. »

L'opinion de Tourville exerçait une grande influence sur ses compagnons d'armes, son caractère sérieux et solide ne permettant pas de sup-
poser qu'il avançât une proposition extravagante

ou seulement irréfléchie; aussi chacun le pressa-
t-il de s'expliquer et de développer son projet.
Il le fit aussitôt en ces termes :

« Palerme est, comme vous le savez tous,
Messieurs, la plus belle et la plus grande ville
de la Sicile; mais c'est aussi la plus détestable
place de guerre que je connaisse, quoiqu'elle se
trouve un des points les plus importants de cette
île. Cette ville, d'une lieue et demie de circonfé-
rence, est à peine défendue par une muraille en
mauvais état, droite, sans angles saillants ni ren-
trants, en un mot, sans aucune défense ni aucun couvert; son château à quatre bastions est
le seul ouvrage important qui puisse défendre
cette ville : quant au port, il est beau, vaste et
assuré par un môle artificiel construit à angle
droit, ouest et sud, s'avançant de deux cents
toises vers le midi et de quatre cents vers l'occi-
dent, avec un phare et une batterie de dix pièces
de canon à son extrémité. A l'abri de ce môle on
peut mouiller une grosse flotte. Voici donc quel
serait mon projet : arriver en force suffisante pour
éteindre la batterie du phare et protéger l'entrée
du port, où nous lancerions nos brûlots en nombre
suffisant pour incendier la flotte ennemie. Les
batteries du château ne pourraient nous faire

obstacle, car un seul bastion serait à craindre; mais quelques-uns de nos gros navires pourraient facilement éteindre son feu. Quant à l'artillerie des vaisseaux ennemis, elle sera complétement paralysée, puisqu'ils ne pourront se mettre en ligne.

— Mais, objecta Valbelle, si, avertis de notre arrivée, ils font sortir du port les vaisseaux et les rangent dans la rade, nous aurons alors, outre l'artillerie des forts, toute celle de la flotte ennemie à combattre.

— Si l'opération est bien conduite et avec le secret qu'elle exige, on ne leur donnera pas le temps d'exécuter cette manœuvre; si cependant ils y parvenaient, il faudrait alors changer le plan d'attaque, suivant les circonstances.

— Mais, observa le marquis d'Infreville, vous n'avez pas parlé, dans les batteries de terre, de celle qui pourrait être établie sur *la Marina,* et qui pourrait nous faire beaucoup de mal.

— Oui, si cette batterie existait; mais les Palermitains y regarderont à deux fois avant de détruire cette belle promenade qui fait leur orgueil et leur joie; d'ailleurs il faudrait couper tous ces beaux sycomores et ces vieux citronniers qui la couvrent aujourd'hui; il faudrait les rem-

placer par un bon boulevard, dûment crénelé,
palissadé, et y amener et mettre en batterie au
moins une douzaine de longs canons de fonte,
pour répondre à nos bordées; mais tout cela demande du temps, un long travail, d'habiles ingénieurs, de laborieux pionniers, et eussent-ils,
ce que je ne crois pas, des ingénieurs capables
et de bons ouvriers, le temps leur manquera
toujours pour achever ce travail; car notre expédition, si elle a lieu, doit être exécutée immédiatement, son succès est à ce prix. Enfin, fussions-
nous obligés de leur livrer une troisième bataille
navale, nous les avons combattus assez avanta-
geusement dans les deux premières pour ne pas
craindre une troisième rencontre, surtout maintenant qu'ils n'ont plus pour les conduire le grand
Ruyter, tandis que nous avons toujours à notre
tête le brave Duquesne. »

A mesure que Tourville parlait, qu'il répondait
aux objections et qu'il développait son plan d'une
manière beaucoup plus complète que nous ne
venons de le faire, la conviction dont il était
animé pénétrait dans l'âme de ses auditeurs.
Tous adoptèrent avec transport son idée, et l'on
résolut d'aller immédiatement la soumettre à Duquesne. Celui-ci écouta la proposition avec son

calme habituel, voulut, selon sa coutume, avoir
l'avis des officiers qui la lui avaient faite; puis
il répondit, toujours avec le même sang-froid:
« Une pareille proposition me sourit beaucoup;
mais je ne puis m'engager sans avoir d'abord
consulté le conseil de marine, et ensuite reçu l'approbation du vice-roi, qui est le chef suprême
des armées de terre et de mer. »

Le conseil de marine approuva à l'unanimité
le projet de cette expédition. Quant à Vivonne, il
l'accueillit avec enthousiasme; il le fit, pour ainsi
dire, *sien*, et, retrouvant une étincelle de son
ancienne énergie et de ce courage qu'il avait si
vaillamment montré jadis en plus d'une occasion,
ou voulant faire oublier l'inertie et la faiblesse
qu'il avait montrées depuis son entrée en Sicile,
il déclara que non-seulement il approuvait le
projet, mais qu'il voulait lui-même commander
la flotte chargée de le mettre à exécution. Aussi·
tôt il donna ordre de tout préparer pour l'expédition.

On apporta une telle activité à ces préparatifs,
que le 28 mai Vivonne sortit de Messine à la tête
de la flotte, composée de vingt-huit vaisseaux,
quarante-cinq galères et neuf brûlots. Il doubla
Melazzo sans s'y arrêter, et arriva en vue de Pa-

lerme le 1er juin. L'armée était formée en trois divisions. L'avant-garde, commandée par Duquesne, comptait dix vaisseaux, au nombre desquels était *le Vaillant,* commandé par Tourville; le corps de bataille ou le centre, composé de neuf vaisseaux, était directement sous les ordres du duc de Vivonne; enfin, l'arrière-garde, forte aussi de neuf vaisseaux, était commandée par Gabaret, chef d'escadre, portant pavillon de contre-amiral. Chaque division avait avec elle trois brûlots. Enfin, le corps des vingt-cinq galères de France était sous le commandement de deux chefs d'escadre, MM. de la Brossardière et de Manse.

Le 1er juin au matin, les vigies espagnoles et hollandaises signalèrent dans l'est l'arrivée des vaisseaux français. A cette nouvelle inattendue, les ennemis, éperdus, se hâtèrent de haler leurs vaisseaux de derrière le môle, et ils les mouillèrent en demi-cercle, à l'entrée de la rade, ayant une ancre à touer, afin de se pouvoir faire éviter et présenter successivement le côté aux ennemis (1).

---

(1) C'est-à-dire à faire pivoter les vaisseaux sur eux-mêmes, afin qu'ils puissent lâcher successivement leurs bordées.

C'était cette manœuvre dont avait parlé M. de
Valbelle, et dont Tourville espérait qu'on pourrait empêcher l'exécution en brusquant l'attaque;
mais la faiblesse du vent ne permit pas à la
flotte française d'arriver assez à temps pour s'y
opposer. Vivonne envoya Tourville avec MM. de
Preuilly et de Langeron pour observer la flotte
ennemie et rendre compte de sa position. Ces
trois officiers s'avancèrent dans une felouque jusqu'à demi-portée de canon de la flotte ennemie,
et revinrent faire leur rapport à l'amiral. Après
avoir fait cette reconnaissance, Tourville forma
sur-le-champ un plan d'attaque, qu'il soumit à
Vivonne à son retour. Celui-ci, « ayant aussitôt
« assemblé le conseil et pris l'avis des officiers
« qui le composent,— ce sont les propres termes
« de son rapport, — après une assez longue con-
« testation, fondée sur la diversité des avis, n'é-
« tant pas facile de connaître d'abord les meil-
« leurs expédients en une affaire si importante et
« une exécution si périlleuse et si difficile, tous
« lesdits officiers se sont réduits au sentiment de
« *M. le maréchal de Vivonne* et du sieur che-
« valier de Tourville, qui a été de faire attaquer
« les ennemis par la tête de leur ligne avec un
« détachement de nos navires de guerre et cinq

« brûlots, commandés par le marquis de Preuilly,
« et un détachement de sept galères, pour forti-
« fier le détachement des vaisseaux dans l'at-
« taque de cette tête des ennemis, étant à ob-
« server que ces détachements devaient être
« soutenus de toute l'armée, qui devait com-
« battre le corps de bataille et la gauche des
« ennemis, tandis que le premier effort se faisait
« à la tête de leur aile droite. »

(*Rapport du secrétaire du duc de Vivonne,
écrit sous la dictée du maréchal.*)

On voit à quel point Vivonne avait fait *sien*,
comme nous l'avons dit, le projet de Tourville;
mais il ne se contenta pas d'avoir adopté son
plan, il ne le fit exécuter et ne donna des ordres
pour les divers mouvements que d'après les conseils du chevalier; c'est ce qu'il reconnaît à la fin
de son rapport :

« M. le maréchal a rendu, dit le secrétaire, les
« témoignages de la satisfaction qu'il avait de
« M. le chevalier de Tourville pour *l'avoir se-
« couru à propos de ses avis pour les mouvements
« de l'armée,* et avoir commandé les manœuvres
« de ses vaisseaux avec tant de justesse, qu'il n'y
« a rien à désirer. »

7

Le fait est que le plan de Tourville fut exécuté
avec un succès qui dépassa toutes les espérances,
et qui ne rendit pas un seul instant la victoire
douteuse. Le détachement chargé d'attaquer la
tête de la ligne ou la droite des ennemis, s'avança
sur eux jusqu'à une portée de fusil avant de commencer le feu; mais dès la première bordée, les
vaisseaux attaqués, se voyant trop faibles pour
résister à l'attaque des nôtres, et craignant en
outre les brûlots, coupèrent leurs câbles et cher-
chèrent à se faire échouer sur le rivage; les brûlots, profitant de ce désordre, s'accrochèrent à
trois vaisseaux et les incendièrent. Le succès de
cette première attaque jeta la terreur dans le
reste de l'armée ennemie, qui, après avoir essuyé
pendant près d'une heure le feu du reste de l'armée française, prit le parti de s'échouer confusé-
ment entre la ville et le môle. Pour augmenter
ce désordre, Vivonne lança contre eux quatre
brûlots qui lui restaient, et qui mirent le feu à
autant de vaisseaux ennemis; ceux-ci, en brû-
lant, mirent le feu à leurs voisins, de sorte, dit
le rapport, « qu'il se vit incontinent un embrase-
« ment de cinq ou six vaisseaux, tellement que
« dans toute l'action il se compta douze vais-
« seaux de guerre brûlés et quatre brûlots des

« ennemis, et entre autres l'amiral et le contre-
« amiral d'Espagne, et le contre-amiral de Hol-
« lande. »

La perte des ennemis en hommes fut énorme.
Le général espagnol don Diego d'Ibarra, l'amiral
Flores et le vice-amiral hollandais Haan, qui
avait remplacé Ruyter, furent tués. Un rapport
espagnol estime le nombre des morts, de la part
des alliés, à trois mille hommes, sans compter
les blessés. Quant au matériel, la perte était in-
calculable; la plupart des navires qui avaient
échappé à l'incendie avaient éprouvé des avaries
qui les mettaient hors de service.

L'armée française n'avait, pour ainsi dire, pas
souffert, et, comme le dit le rapport, « la perte
« avait été petite, eu égard à une si grande
« victoire. »

En résumé, on ne se rappelait pas d'avoir eu
dans la marine française un succès pareil, et tout
le monde était d'accord pour l'attribuer à Tourville. On peut juger de l'opinion générale de l'armée par cette lettre de Coëtlogon à Colbert.

« Monseigneur, je n'entreprendrai pas de vous
« faire une relation de ce qui s'est passé à Pa-
« lerme; il ne s'est jamais rien fait de plus grand

« ni de plus heureux à la mer, et on ne peut
« rien ajouter à la gloire que la marine du roi a
« acquise dans cette dernière affaire. Tous les
« capitaines y ont fait des miracles; mais, en
« vérité, on doit la meilleure partie de ce bon
« succès à la bravoure et à la capacité du che-
« valier de Tourville; il n'a pas manqué un
« temps ni une occasion, et ayant reconnu avant
« le combat la situation des ennemis, il prédit
« tout ce qui est arrivé, et donna un plan si
« juste de la manière que devait se faire l'at-
« taque, qu'on s'est trouvé très-bien de l'avoir
« suivi. Quand les intérêts du roi ne vous se-
« raient pas ce qu'ils vous sont, le corps de la
« marine est trop à vous pour que vous ne soyez
« pas touché de ce qu'il a fait. Aussi, Monsei-
« gneur, attendons-nous toutes choses de votre
« protection.

 « Je suis, etc.

     « LE CHEVALIER DE COETLOGON. »

 3 juin 1676.

Le roi donna satisfaction à l'opinion de l'armée
en nommant Tourville chef d'escadre.

Peu de temps après l'affaire de Palerme,

Tourville revint en France avec Duquesne, qui était parti pour Toulon avec les vaisseaux, afin d'y aller chercher des vivres et des troupes.

Il ne se passa plus rien d'important en Sicile jusqu'à la fin de l'occupation de Messine par les Français, qui eut lieu, par suite de la paix de Nimègue, en 1678.

———

CHAPITRE VIII

La paix de Nimègue aurait pu permettre au
chevalier de Tourville de prendre quelque repos;
mais, impatient d'ajouter encore à la gloire
qu'il s'était acquise, il fit, de concert avec Duquesne, contre les puissances barbaresques, avec
lesquelles la guerre était permanente, diverses
expéditions, qui toutes furent couronnées de
succès.

Duquesne, ayant reçu l'ordre d'armer une escadre destinée à aller châtier des corsaires tri-

politains, qui avaient enlevé quelques bâtiments
français sur les côtes de Provence, appela auprès de lui Tourville, dont il était devenu, pour
ainsi dire, inséparable. Sortis de Toulon, à la
tête de sept vaisseaux au mois de juillet 1681,
ils entrèrent dans la Méditerranée et détruisirent
tous les corsaires de Tripoli qu'ils rencontrèrent;
ils en poursuivirent un grand nombre d'autres
jusque près de l'île de Scio, et ils étaient sur le
point de les atteindre, lorsque ces pirates se ré-
fugièrent dans le port de cette île, qui appartenait au sultan. Duquesne envoya un de ses
officiers, M. de Saint-Amand, sommer le pacha,
commandant à Scio, de faire sortir les corsaires
du port, sinon qu'il allait s'embosser sous ses
murs et les ruiner complétement. Le pacha refusa, et aussitôt Duquesne commença un feu si
vigoureux, qu'en moins de quatre heures le fort,
une partie de la ville et les navires qui se trouvaient dans le port furent détruits ou brûlés. Le
pacha se plaignit au sultan, et celui-ci fit des
menaces sérieuses à l'ambassadeur de France au
sujet de l'injuste agression commise par un sujet
français contre une ville appartenant à Sa Hau-
tesse, contrairement aux traités de paix qui
unissaient depuis plus d'un siècle la France et la

Turquie. L'affaire parut un instant devoir prendre des proportions inquiétantes; enfin, l'ambassadeur apaisa par des présents la colère du Grand-Seigneur; en même temps Duquesne était rappelé en France pour se préparer à une expédition contre Alger, et quittait les parages de Scio, à la grande satisfaction des Turcs.

Rentré à Toulon au mois de juin, il en repartit le 12 juillet suivant à la tête de onze vaisseaux et de cinq galiotes à bombes, et fit voile pour Alger. Tourville, monté sur le vaisseau *le Vaillant,* était son chef d'escadre.

On allait, pour la première fois, dans cette expédition faire usage des galiotes à bombes, inventées nouvellement par un jeune homme, Bernard Renau d'Éliçagaray, surnommé *Petit-Renau* à cause de l'exiguïté de sa taille.

Après une traversée assez favorable, Duquesne mouilla le 18 à Iviça, la plus occidentale des trois principales îles Baléares, où il trouva quinze galères, commandées par M. le duc de Mortemart. Parti d'Iviça avec une bonne brise, il arriva le 23 devant Alger; mais plusieurs coups de vent le forcèrent à regagner le large, et même à renvoyer les galères en France. Ce fut seulement le 20 août que, le temps s'étant remis au beau, il put préparer ses opérations contre Alger. Tourville voulut accompagner Petit-Renau dans l'opération importante du mouillage des galiotes à portée convenable de la place.

On fut encore contrarié par le mauvais temps, et ce ne fut que le 30 août au soir que le bombardement put enfin commencer. Pendant tout le temps qu'il dura, Tourville resta monté sur la galiote *la Cruelle* avec Petit-Renau, afin de se rendre un compte exact de l'effet produit par cette invention et du parti qu'on pourrait en tirer à l'avenir pour la guerre maritime. Pendant qu'il suivait avec un vif intérêt le tir et la portée des mortiers, les Algériens exécutèrent une sortie, et une de leur galère s'avança contre *la Cruelle*, en faisant des décharges d'artillerie et de mousqueterie ; mais Tourville, qui prit alors le commandement de la galiote, soutint si bravement le feu de la galère algérienne, qu'elle fut obligée de se retirer en se rapprochant de la galiote *la Vaillante ;* celle-ci la reçut si rudement qu'elle fut obligée de virer de bord et de s'en retourner à Alger à force de rames et de voiles.

Pendant trois ou quatre nuits de suite ce feu des galiotes se renouvela ; une grande partie de la ville fut détruite ainsi que plusieurs vaisseaux qui se tenaient dans le port. Mais le vent fraîchit tout à coup du nord-ouest, et Duquesne, redoutant les tempêtes de l'équinoxe, rallia sa flotte et remit à la voile pour Toulon. Il laissa seulement deux vaisseaux pour croiser devant le port d'Alger, jusqu'à ce que la saison permît de venir continuer ce bombardement, qui ne fut, pour ainsi dire, que l'essai de celui de 1683.

En arrivant en France, Duquesne alla à la cour rendre compte de son expédition et présenter ses plans pour la prochaine campagne contre Alger. Tourville, qui l'avait accompagné, fut nommé lieutenant général des armées navales, ou plutôt il reçut seulement son brevet de ce titre, sa nomination remontant au 1er juin précédent.

Les plans de campagne de Duquesne ayant été approuvés, il partit de Toulon le 6 mai, à la tête de six vaisseaux de guerre, et donna pour rendez-vous aux galiotes, galères et vaisseaux de charge ou de transport, les îles Formentara près d'Iviça. La flotte arriva devant Alger le 20 juin, prit position le 23, commença le bombardement le 26, et continua les jours, ou plutôt les nuits, jusque dans les premiers jours de juillet, puis, avec des intermittences plus ou moins prolongées, jusqu'au mois d'août. Les ravages des bombes furent affreux; une grande partie de la ville fut détruite; plusieurs révoltes y éclatèrent; les Algériens, furieux, se livrèrent à toutes sortes de cruautés. Ils attachèrent le R. P. Larcher, consul de France, à la bouche d'un canon et l'envoyèrent ainsi par morceaux au milieu de l'escadre française; ils se préparaient à en faire autant de M. le chevalier de Choiseul-Grandpré, qu'ils avaient fait prisonnier; mais il fut sauvé par la reconnaissance d'un capitaine turc à qui M. de Choiseul avait autrefois sauvé la vie.

A la fin, les Algériens se soumirent à toutes les conditions que Duquesne leur imposa. Ils donnèrent des otages, et Duquesne revint avec son escadre à Toulon.

Tourville, qui avait pris une part active à ce dernier siége, fut renvoyé à Alger, au commencement de l'année 1684, avec les pouvoirs les plus étendus pour traiter de la paix. Il obtint les conditions les plus avantageuses, et le traité fut signé *valable pour cent ans.*

Pour ne pas interrompre l'historique des campagnes d'Alger, nous avons omis à sa date un événement qui intéressait au plus haut point la marine française : nous voulons parler de la mort du grand ministre Colbert, arrivée le 6 septembre 1683. Laissant de côté toutes les autres parties de son administration, nous pouvons donner en deux mots à nos lecteurs une idée de ce qu'il fit pour la marine. En 1661, à son avénement au ministère, la marine royale comptait trente bâtiments de guerre, dont trois vaisseaux seulement du premier rang, c'est-à-dire de soixante à soixante-dix canons; à sa mort, la marine du roi se composait de cent soixante-seize bâtiments de guerre à flot, dont trente-deux vaisseaux de premier et deuxième rang, ayant de soixante-quatre à cent vingt canons; plus soixante-huit bâtiments en construction, en tout deux cent quarante-quatre. Si l'on ajoute à ces bâtiments trente-deux galères construites depuis 1676, on aura un effectif de *deux cent soixante-seize bâtiments de guerre à la mer ou en construction.* Quant au matériel de l'artillerie de marine, en 1661 le total des canons de marine s'élevait à mille quarante-cinq; en 1683 il était de sept mille six cent vingt-cinq. Les approvisionnements des ports s'étaient accrus dans la même proportion. Aucune marine du monde ne pouvait rivaliser avec la nôtre.

Le marquis de Seignelay, fils du grand Colbert,

succéda à son père. Le premier acte de son ministère fut une déclaration de guerre contre
Gênes. Une expédition contre cette ville ayant été
décidée, Seignelay voulut hâter lui-même l'ar-
mement de la flotte et l'embarquement des troupes. Il partit donc pour Toulon, où il arriva le
25 avril. Le 5 mai, il s'embarqua avec l'armée
navale, composée de quatorze vaisseaux de guerre,
de vingt galères, dix galiotes, vingt-six tartanes,
deux brûlots et huit flûtes.

Duquesne était désigné pour commander en
chef; mais, voyant Seignelay vouloir donner,
comme ministre, des ordres qu'il exécutait comme
général, il refusa le commandement qui lui était
offert, déclarant qu'il commanderait en chef et
selon ses vues, ou qu'il ne prendrait aucune part
à cette expédition. Le chevalier de Tourville,
lieutenant général, fut chargé de le remplacer.
La flotte partit de Toulon le 5 mai, et arriva
devant Gênes le 17. Après avoir bombardé la
ville pendant plusieurs jours, et détruit ainsi les
plus beaux édifices de cette ville, entre autres le
palais du doge, Seignelay ordonna au duc de
Mortemart, ayant le commandement des troupes
de débarquement, de faire une descente soute-
nue par l'infanterie de marine, sous les ordres

du lieutenant général de Tourville, afin de s'emparer des faubourgs de la place. L'attaque eut un plein succès, mais ce ne fut pas sans des pertes considérables de part et d'autre. Parmi les morts on compta entre autres le chevalier de Léry, le marquis de la Rivière et le jeune comte de Tourville, qui servait aux gardes; il était neveu du chevalier de Tourville, et avait voulu accompagner son oncle dans cette expédition.

Les Génois, consternés, demandèrent la paix; elle leur fut accordée à la prière d'Innocent XI, mais à la condition que le doge et quatre des principaux sénateurs se rendraient à Versailles pour y implorer la clémence de Louis XIV.

En 1685, le maréchal d'Estrées, vice-amiral du Pouant (1), fut chargé d'aller châtier deux puissances barbaresques, Tunis et Tripoli, qui, malgré la sévère leçon infligée aux Algériens, continuaient leurs déprédations contre notre commerce. Cette campagne, à laquelle Tourville prit part, eut le plus heureux succès. L'escadre fran-

(1) On donnait le nom de *Pouant,* qui signifie couchant, à toutes les côtes de l'Océan, depuis le détroit de Gibraltar jusqu'à la mer du Nord, par opposition au Levant, qui comprenait la mer Méditerranée seulement.

çaise, partie pour cette double expédition au mois de mai, était rentrée à Toulon le 25 septembre.

Le maréchal d'Estrées avait laissé le chevalier de Tourville dans la Méditerranée pour croiser devant Alger, car déjà quelques corsaires de cette régence avaient rompu le traité conclu *pour cent ans* en 1683. Pendant la croisière, il rencontra, près de Ceuta, une division de corsaires qu'il n'hésita pas à attaquer, quoiqu'il n'eût avec lui, outre le vaisseau de cinquante canons qu'il montait, que deux petites frégates; il coula à fond leur amiral, dispersa les autres, et se rendit sur les côtes de Sardaigne, où il s'empara d'une grande quantité de bâtiments algériens et délivra les esclaves chrétiens qu'ils avaient à bord.

Pendant le cours de cette expédition, il rencontra, par le travers d'Alicante, le vice-amiral espagnol Papachin, qui revenait de Naples avec deux vaisseaux de guerre de soixante-dix canons. Tourville envoya sommer le vice-amiral espagnol de saluer le pavillon du roi de France de neuf coups de canon; sur le refus de Papachin, Tourville l'aborda pendant que les deux frégates accostaient l'autre vaisseau, et après une heure de combat le pavillon espagnol s'abaissa devant le pavillon de France.

Cette action brillante et hardie, qu'il ne tenta qu'en suite d'instructions précises qu'il avait reçues du marquis de Seignelay, fit le plus grand honneur au chevalier de Tourville et flatta singulièrement l'orgueil de Louis XIV; mais elle causa beaucoup de mécontentement en Europe, où elle fut regardée comme une hostilité flagrante contre l'Espagne, avec laquelle la France était en paix.

La révolution d'Angleterre qui, en 1688, précipita Jacques II du trône, où il fut remplacé par Guillaume d'Orange, stathouder de Hollande, amena la guerre entre la France et les Pays-Bas et le nouveau gouvernement d'Angleterre. On arma à Brest une escadre de cinq vaisseaux, dont le commandement fut confié à Tourville, avec mission d'aller croiser dans la Manche et de rejoindre l'armée navale aux ordres du maréchal d'Estrées, dans la Méditerranée. Dès les premiers jours de sa croisière, il rencontra deux bâtiments de la compagnie des Indes hollandaises, qu'il attaqua. Ces vaisseaux firent une résistance vigoureuse; mais, forcés de céder au nombre, ils se rendirent. Ils venaient d'Alexandrette, et avaient à bord une cargaison d'environ six millions. Tourville, après les avoir amarinés, les expédia pour la France, sous l'escorte de deux vaisseaux, et avec les trois qui lui restaient il fit voile pour rejoindre le comte d'Estrées.

Il le rallia devant Alger, où le maréchal était venu dans l'intention de châtier de nouveau ces pirates incorrigibles, qui, malgré les traités et les sévères leçons qu'ils avaient déjà reçues, ne cessaient de piller et de rançonner nos navires marchands. Dès que Tourville, avec ses trois vaisseaux, eut rejoint le maréchal, on commença à lancer des bombes sur la ville (1er août 1688), et l'on continua jusqu'au 16; cinq bâtiments algériens furent coulés, et la ville fut entièrement ruinée.

Après cette expédition, le maréchal d'Estrées ramena son armée à Toulon, et Tourville obtint un congé pour venir à Paris.

Depuis la mort de son neveu, tué, comme nous l'avons dit, dans l'expédition de Gênes, le chevalier de Tourville se trouvait chef de sa famille; car ses deux frères étaient morts, et le jeune comte était fils unique. Ses parents, ses amis et le roi lui-même pressaient Tourville de se faire relever de ses vœux et de se marier. Cédant à ces

instances, il se décida à quitter l'ordre de Malte,
se fit relever de ses vœux et prit le titre de comte.
Peu de temps après, il épousa la veuve du marquis de la Popelinière, qui avait une grande
fortune. Le roi, en signant son contrat de ma-
riage, lui dit : « Je souhaite, monsieur le comte,
que vous ayez des enfants d'un mérite aussi distingué que le vôtre, et qui soient aussi utiles que
vous à l'État. »

Bien qu'il eût été fait chef d'escadre le 30 octobre 1675, lieutenant général le 1er juin 1682,
et vice-amiral ès mers du Levant le 1er novembre
1689, ce fut seulement lors de sa campagne de la
Manche, en 1690, que le rare et vaste génie de
Tourville atteignit son entier développement, et
que ce grand marin put mettre largement en
œuvre les trésors d'expérience et de savoir si
vaillamment amassés pendant trente années de
navigation non interrompue ; car les expéditions
continuelles contre les Barbaresques avaient toujours comblé les lacunes que la paix, faite à diverses reprises avec les puissances de l'Europe,
eût apportées sans cela dans les phases de sa vie
guerrière.

Ainsi donc, presque toute cette existence, déjà
si longue, de services rendus s'était passée à la

mer. Ainsi donc, depuis trente ans, Tourville
avait incessamment navigué, soit seul, soit en
division ou en croisière, dans l'Océan et dans la
Méditerranée. Ainsi donc, depuis son entrée dans
la marine, Tourville avait assisté à toutes les
grandes batailles navales de ce temps-là, et s'é-
tait montré aussi calme, aussi intrépide dans un
abordage que dans une descente; aussi profondément tacticien dans un engagement à l'ancre
que dans une action à la voile; dans une mêlée
en escadre que dans une affaire partielle; en peu
de mots, ses beaux et rudes combats de Malte,
de Scio, de Gênes, de Messine, d'Agosta, de
Palerme, d'Alger, de Tripoli, de Tunis, et, en
dernier lieu, son éclatant fait d'armes contre le
vice-amiral Papachin, n'offrent-ils pas, pour
ainsi dire, comme le resplendissant et glorieux
specimen de toutes les sortes de renommées que
peut rêver un marin, depuis celle du capitaine
corsaire jusqu'à celle de général en chef?

Ici nous devons faire une observation importante: c'est que Tourville dut d'aussi grands résultats non-seulement à sa bravoure, qui était
extrême, non-seulement à ses connaissances pratiques et spéculatives, qui embrassaient toutes les
parties de la marine, depuis celle de charpentier

jusqu'à celle d'amiral, mais encore et surtout à
l'imposante et même religieuse idée qu'il s'é-
tait faite de l'immense responsabilité et des non
moins immenses devoirs d'un homme qui, chargé
d'exécuter des entreprises toujours périlleuses,
devait disposer de la vie d'autres hommes comme
de simples moyens d'action. Nous insistons sur
cette particularité, parce qu'il demeure évident
que cette pensée domina toujours les manœuvres
et les évolutions de Tourville, et qu'il déclare lui-
même qu'elle fut une des conditions élémentaires
de sa tactique navale.

Aussi, voyez comme il comprend la terrible
importance de cette mission, et dans son ensemble, et dans ses moindres détails; voyez, lorsqu'il
commande une frégate ou cent vaisseaux de
guerre, s'il confiera à d'autres qu'à lui-même le
soin (le premier à ses yeux) d'explorer la position d'une redoute, d'un port ou d'un mouillage ennemi? jamais! Avant de méditer et de
mûrir son plan d'attaque, il voulait aller voir et
juger par lui-même les dispositions de l'ennemi
qu'il avait à combattre, disant à ce sujet très-
spirituellement et avec une extrême justesse :
« qu'un général ou qu'un capitaine qui basait
« ses projets d'attaque ou de défense sur le rap-

« port d'un tiers, lui paraissait fort agir comme
« un peintre qui voudrait faire un portrait res-
« semblant d'après une narration et une descrip-
« tion orale. »

Puis, quand on lui représentait que c'était im-
prudemment exposer ses jours, que d'aller ainsi
prendre connaissance de l'ennemi dans une frêle
embarcation, et cela souvent sous le feu des
batteries, il répondait : « La témérité fâcheuse et
« véritablement funeste n'est pas dans cet expé-
« dient, mais dans cette foi aveugle aux récits
« d'autrui, qui, s'ils sont faux et écoutés, peu-
« vent amener la perte entière et *toujours irré-*
« *parable* des hommes et des vaisseaux que le roi
« a confiés à notre expérience. »

Or on reconnaîtra facilement que la conduite
de Tourville fut toujours admirablement d'accord
avec cette pensée ; mais, s'il exposait ainsi sa
propre vie pour gagner à nos armes un bon et
honorable succès, *succès qui,* selon sa singulière
expression, *devait coûter le moins de sang, de
chanvre et de bois possible ;* s'il bravait cent fois
la mort pour s'assurer des moyens de ne pas
aventurer la vie de tous, une fois son plan de bataille longuement réfléchi et décidément arrêté,
il mettait dans son exécution une inébranlable

et froide intrépidité qui prouvait assez que, les
exigences de l'humanité et d'une sage prévoyance
remplies, ce grand homme sentait que, pour que
sa tâche fût parfaite, il lui fallait vaincre..., vaincre à tout prix, ou essuyer un échec comme celui de la Hogue, qui fut plus beau qu'une victoire.

Nous avons cru devoir présenter dans l'espèce
de résumé qui précède et faire ressortir en quelques lignes la conduite, le caractère et les belles
qualités de Tourville, avant d'aborder le récit de
ses dernières campagnes, les plus glorieuses de
toutes, où brilla plus que jamais sa bravoure
calme et raisonnée, et qui couronnèrent dignement la vie de ce grand homme de mer, de ce
véritable héros.

CHAPITRE IX

TOURVILLE COMMANDE EN CHEF L'ARMÉE NAVALE
DE FRANCE. — VICTOIRE DU 10 JUILLET 1690. —
COMBAT FUNESTE DE LA HOGUE.
— TOURVILLE EST NOMMÉ MARÉCHAL DE FRANCE.
— SES DERNIERS EXPLOITS. — SA MORT.

Vers le mois de mai 1689, Tourville reçut
l'ordre d'amener de Toulon à Brest les vingt
vaisseaux de l'escadre du Levant, pour joindre
cette escadre aux forces du Pouant, afin qu'en
1690 les développements des opérations navales
dans la Manche fussent plus larges et plus décisifs.

Cette jonction présentait d'étranges difficultés;

et le génie avec lequel Tourville parvint à l'opérer
demeurera un de ses plus beaux titres à l'admiration des gens du métier. Parti de Toulon vers
la fin de mai, il arriva, avec ses vingt vaisseaux,
à la hauteur d'Ouessant le 29 juillet 1689; là, il
apprit par un contrebandier breton que la flotte
ennemie, forte de soixante-dix voiles, croisait à
l'embouchure de l'Iroise, pour s'opposer à son
entrée dans la rade de Brest (1). Or, depuis plus
de deux mois qu'elle tenait la mer, l'escadre de
Tourville manquait d'eau, ses vivres étaient à
leur fin; il avait essuyé un coup de vent furieux
dans le golfe de Gascogne, et plusieurs de ses
vaisseaux avaient besoin de réparations indispensables; un plus long séjour en mer lui était donc
impossible, et, d'un autre côté, la force numé-
rique de l'ennemi se présentait telle, qu'il ne
pouvait songer à forcer la passe de l'Iroise, ayant
d'ailleurs reçu les ordres les plus précis de mé-
nager extraordinairement sa division jusqu'au

(1) Le passage de l'Iroise, que Tourville devait nécessairement
franchir pour pénétrer dans le goulet qui donne entrée à la rade
de Brest, est tout l'espace compris entre l'île d'Ouessant et la
chaussée des Saints. Ce passage, même aujourd'hui, est regardé
comme dangereux, et ne peut être franchi que par des pilotes
exercés et connaissant parfaitement les localités.

moment où elle aurait rallié les escadres du
Nord.

Nous n'entrerons pas dans les détails des
moyens qu'il employa pour triompher de tant
d'obstacles qui semblaient insurmontables, détails qui d'ailleurs n'auraient d'intérêt que pour
des gens du métier; il nous suffira de dire qu'a-
près avoir manœuvré pendant quelques jours
pour dérober sa présence aux ennemis, sans pourtant s'éloigner trop du passage par lequel il voulait pénétrer, et après avoir fait tous les apprêts
d'un combat désespéré, dans le cas où il serait
attaqué, il sut profiter avec habileté d'un chan-
gement survenu dans la direction des vents pour
s'engager résolûment dans la passe de l'Iroise, au
moment où ce même vent forçait les ennemis à
s'en éloigner; puis le vent ayant encore changé,
les ennemis revinrent à leur poste, mais ils ne
purent que constater que tous les vaisseaux de
l'escadre française avaient heureusement franchi
la passe et étaient maintenant en sûreté dans la
rade de Brest.

Ce qui donna surtout une idée des hautes capacités de Tourville, c'est que dans un mémoire
qu'il avait adressé au roi au commencement de
l'année 1689, il avait montré la nécessité de cette

jonction de l'escadre de la Méditerranée avec celle
de l'Océan, et qu'avec une admirable précision
et une étonnante clarté il avait mis en lumière
dans ce mémoire les différentes opérations que
l'ennemi pourrait tenter pendant la campagne
de 1690. Ce fut ce document remarquable, dont
l'original existe aux archives de la marine, qui
servit de base aux instructions que le marquis de
Seignelay donna à Tourville pour la jonction des
deux flottes.

La manière heureuse et habile avec laquelle il
s'acquitta de cette mission difficile, première partie en quelque sorte de la campagne de 1690, fit
juger au roi que Tourville seul était capable d'ac-
complir le reste du programme. En conséquence,
on lui donna le commandement général des deux
flottes réunies, avec le titre de vice-amiral ès
mers du Levant (1er novembre 1689). Pour adou-
cir le mécontentement du maréchal d'Estrées, à
qui ce commandement aurait dû revenir de droit,
en raison de sa dignité de maréchal et de son
ancienneté de service, on lui donna le gouvernement d'une province, et à son fils, le comte
d'Estrées, la survivance de son titre de vice-amiral
des mers du Pouant.

La flotte française, rassemblée à Brest, était

forte de soixante-dix vaisseaux de ligne, de cinq
frégates légères, de dix-huit brûlots et de quinze
galères; car, pour la première fois, les galères,
qui ne quittaient jamais la Méditerranée, avaient
été appelées à servir dans l'Océan.

Tourville, commandant en chef, montait *le
Soleil-Royal,* le plus magnifique vaisseau de la
marine française, fort de cent vingt canons; il
avait le marquis de Laporte (neveu de son ancien
ami le chevalier de Valbelle) et le chevalier de
Coëtlogon pour matelots d'avant et d'arrière; sûr
de l'affection et de la bravoure de ces deux intrépides chefs d'escadre, qui servaient avec lui
depuis si longtemps, il ne s'en séparait jamais.

MM. de Nesmond, chef d'escadre, et d'Infreville, lieutenant général, commandaient les deux
divisions du corps de bataille sous Tourville.

L'avant-garde était sous les ordres du comte
de Châteaurenault, vice-amiral, qui avait mis
son pavillon sur *le Dauphin-Royal.* MM. le marquis de Villette-Mursay, lieutenant général, et le
marquis de Langeron, chef d'escadre, commandaient les divisions de cette avant-garde.

Enfin l'arrière-garde avait pour officier général M. le comte d'Estrées, vice-amiral, mon-
tant le vaisseau *le Grand,* et MM. le chevalier

de Flacourt, chef d'escadre, et Gabaret, lieutenant général, à la tête des deux divisions de ce
corps d'armée.

Jean Bart, qui devait plus tard acquérir une
si grande célébrité, commandait *l'Alcyon,* une
des frégates de chasse, destinée à éclairer l'avant-
garde et à porter les ordres des pavillons pendant
le combat.

La flotte mit à la voile par un temps favorable,
mais qui fut de peu de durée, car à l'entrée de
la Manche les galères furent obligées de relâcher
à Camaret, et la flotte lutta longtemps contre la
mer et le courant avant de pouvoir joindre les
ennemis.

Ce ne fut que le 2 juillet que Tourville reconnut l'île de Wight, où la flotte anglo-hollandaise
était mouillée. Enfin, le 10 juillet, à la pointe du
jour, étant par le travers de l'île de Wight, on
se trouva en présence de l'armée ennemie, forte
de cent douze bâtiments. Quoique la flotte française n'eût pas l'avantage du vent, Tourville
n'hésita pas à engager le combat. Il dura depuis
neuf heures du matin jusqu'à cinq heures du soir.
Les Anglais ne soutinrent le feu que pendant
trois heures; les Hollandais, sur qui les efforts
de l'armée française avaient été dirigés, souffri-

rent considérablement : la plus grande partie de
leur escadre fut désemparée (1), et ils perdirent
un grand nombre d'hommes. Le résultat de cette
action fut, pour l'armée alliée, une perte de
quinze vaisseaux, dont dix furent pris et cinq
brûlés. On regretta beaucoup en ce moment l'absence des galères, qui n'avaient pu suivre la
flotte; car le calme étant survenu à cinq heures
du soir, au moment où cessa la bataille, il fut
impossible de s'emparer d'un plus grand nombre
de vaisseaux ennemis, ce qu'on aurait pu faire
facilement avec l'aide des galères.

L'armée française eut quatre cents hommes
tués et cinq cents blessés; mais elle ne perdit pas
un seul bâtiment.

Tourville, voulant poursuivre ses succès, se
dirigea, avec le comte d'Estrées, sur la baie de
Tingmouth, où il avait appris que douze vaisseaux ennemis et un convoi considérable étaient
mouillés. Cette fois il avait pu rallier les galères,
commandées par l'intrépide bailli de Noailles.
Arrivé en rade de Torbay le 1er août, Tourville
alla lui-même, selon son habitude, visiter la côte
dans son canot, accompagné seulement du bri-

(1) Désemparer un vaisseau, c'est rompre ses manœuvres, ses
mâts, et le mettre hors d'état de combattre et de tenir la mer.

gantin du chevalier de Noailles. Après avoir attentivement reconnu les lieux, il combina sur-le-
champ son plan d'attaque du lendemain. Le 2
août, à la pointe du jour, il fit opérer le débarquement. Les Anglais, pris à l'improviste, n'op-
posèrent qu'une faible résistance. Les marchan-
dises furent transportées à bord de l'escadre, et
les douze vaisseaux, ainsi que le convoi, furent
détruits ou brûlés.

Après cette expédition, Tourville remit à la
mer, brûla encore cinq vaisseaux aux Anglais, et
revint, fin d'août, dans la baie de Bertheaume
pour faire à ses vaisseaux des réparations indispensables.

A peine ses vaisseaux étaient-ils radoubés, qu'il
fut obligé de reprendre la mer pour aller chercher
en Irlande le roi Jacques II, qui venait de perdre
la bataille de la Boyne, et était forcé de se réfugier de nouveau en France. MM. d'Infreville et
de Nesmond furent chargés du rembarquement
des troupes d'Irlande, et Tourville, avec son
corps d'armée navale, composé de quarante-cinq
vaisseaux, assura ce transport en croisant dans
ces parages.

L'amiral Tourville termina ainsi la campagne
de 1690.

Le 3 novembre de cette même année, le marquis de Seignelay, qui avait succédé à son père
dans le ministère de la marine, mourut, après
une courte maladie, à l'âge de trente-neuf ans.
Il eut pour successeur M. Phelypeaux de Pont-
chartrain.

La campagne de 1691 se borna à une croisière
dans la Manche pendant les mois de mai, juin,
juillet et août. Les instructions du nouveau ministre portaient que le comte de Tourville devait
tâcher d'arrêter et de prendre un riche convoi
venant de Smyrne, mais d'éviter un engagement
avec des forces supérieures. Le gros du convoi
passa à l'ouest des Sorlingues, au delà du point
assigné à Tourville pour sa croisière; cependant
il s'empara de deux bâtiments de guerre anglais
et de quelques navires marchands qu'ils escor-
taient; mais le reste du convoi put parvenir en
Angleterre sans avoir été inquiété; enfin il assura
le passage de nos troupes revenant de la fatale
expédition d'Irlande.

Au commencement de l'année 1692 une expédition fut projetée contre l'Angleterre. Jacques II,
comme nous l'avons dit, avait été contraint de
quitter l'Irlande et de venir en France; mais il
lui restait encore bon nombre de sujets fidèles

dans les trois royaumes, et les intelligences qu'il entretenait avec eux lui firent concevoir les plus fortes espérances de remonter sur son trône. Louis XIV entra dans ce projet, et résolut de faire un effort digne de sa puissance pour le rétablissement d'un prince son parent et son ami. Il fit donc rassembler environ douze mille hommes dans le Cotentin; trois cents bâtiments de transport devaient recevoir ces troupes, dont le commandement fut confié au maréchal de Bellefonds, sous le roi Jacques, qui s'était rendu à la Hogue pour présider à l'embarquement. Le vice-amiral comte d'Estrées devait, à son retour de la Méditerranée, escorter ce convoi, pendant que Tourville tiendrait la mer à la tête de soixante vaisseaux.

Le comte d'Estrées appareilla de Toulon au mois de mai. Le 18, étant sur le point de passer le détroit de Gibraltar, une tempête qui s'éleva subitement jeta deux de ses bâtiments à la côte, près de Ceuta. Les autres furent dispersés; et ce ne fut qu'après bien des contrariétés et des retards de toute espèce qu'il rejoignit le port de Brest, à la fin de juillet.

Les vents contraires retinrent le comte de Tourville dans la rade de Brest jusqu'au 12 mai.

L'armée anglaise, pour laquelle ils étaient, au contraire, favorables, avait appareillé dès les premiers jours de ce mois. Elle était parvenue à opérer sa jonction avec les Hollandais, et le 25 mai ils se trouvèrent réunis à la rade de Sainte-Hélène, île de Wight, au nombre de quatre-vingt-huit vaisseaux de guerre.

Le roi, dès qu'il avait eu connaissance de la sortie des Anglais, avait adressé au comte de Tourville des instructions qui lui enjoignaient d'appareiller immédiatement, d'aller les chercher *et de les combattre forts ou faibles.* Une lettre écrite de sa main au comte corroborait encore cet ordre. Mais Louis XIV n'avait point en même temps commandé aux éléments, et nous venons de voir que, pendant que l'armée française était retenue par les vents contraires, les alliés opéraient leur jonction.

Tourville, sorti enfin de Brest, fut rejoint à la mer par cinq vaisseaux, aux ordres du marquis de Villette, et le 27 mai il arriva à la hauteur de la Hogue, avec quarante-quatre vaisseaux.

Pendant ce temps-là, Louis XIV, qui assié-geait Namur, ayant appris la réunion des flottes alliées, dépêcha immédiatement un courrier à Jacques II, alors campé à Barfleur, et au maré-

chal de Bellefonds pour les informer de cet événement, avec ordre à ce dernier d'envoyer à tout
prix, et dans toutes les directions, des barques de
pilotes à Tourville, pour lui donner contre-ordre,
lui prescrire surtout de ne point combattre,
d'éviter l'ennemi et d'attendre sa jonction avec
les escadres de MM. le vice-amiral d'Estrées, le
marquis de Laporte et le comte de Châteaurenault...

Malheureusement il était trop tard. Aucune
barque ne put parvenir au comte de Tourville.

Le 29 mai, à quatre heures du matin, on dé-
couvrit l'armée alliée. Une brume épaisse empêcha d'abord d'en reconnaître le nombre; mais
lorsqu'elle fut dissipée, on ne fut pas peu surpris
de compter quatre-vingt-huit voiles.

Un quart d'heure après que l'ennemi fut signalé, la flotte française mettait en panne, et
MM. de Gabaret, d'Infreville, de Langeron, de
Villette, de Pannetiers, de Relingues et de Coëtlogon, qui commandaient les diverses divisions
de la flotte, se réunissaient en conseil, par l'ordre
de Tourville, dans la grand'chambre du *Soleil-
Royal*.

Tourville, pâle, mais calme et grave, fit signe
aux généraux de s'asseoir autour de la table du

conseil, tandis que lui, selon une relation con-
temporaine, « se promena de long en large dans
la chambre, les mains croisées derrière le dos. »

« Messieurs, dit Tourville, le sujet de la délibération est simple : la flotte ennemie est forte
de *quatre-vingt-huit* vaisseaux; nous en avons
quarante-quatre : faut-il combattre, oui ou
non?... »

Puis, comme Tourville, en sa qualité d'amiral,
ne devait donner son avis que le dernier, il continua de se promener à pas lents, pendant que les
membres du conseil discutaient les chances possibles d'un combat aussi disproportionné.

Les sept généraux qui, assis à cette table, pe-
saient froidement les destinées de cette flotte, re-
présentaient certainement l'élite de la marine de
France. Tous étaient renommés braves, et d'une
bravoure éprouvée par vingt batailles; ils avaient
une foi aveugle en Tourville; ils comptaient
sur leurs équipages, qu'ils avaient longuement
et vaillamment formés; enfin ils voyaient là...
l'ennemi, qui, lui aussi, avait mis en panne et
saluait insolemment les Français comme pour
les défier.

Eh bien! la disproportion des forces était tellement écrasante, il demeurait si évident que com-

battre c'était ruiner complétement, et pour de longues années, la marine française, que tous ces hommes de cœur et de résolution décidèrent unanimement que livrer bataille serait agir de la façon la plus funeste à l'honneur et au salut de la France, et formulèrent ainsi leur avis, qu'ils répétèrent gravement l'un après l'autre : *En mon âme et conscience, mon avis est qu'il ne faut pas combattre.*

Lorsque tous eurent donné leur opinion, Tourville dit d'une voix calme et grave : « Messieurs, mon opinion serait conforme à la vôtre, si une volonté plus puissante que la mienne ne nous obligeait à combattre. Voyez, Messieurs, ajouta-t-il, en déployant sous leurs yeux un papier scellé du sceau particulier du roi, *un ordre de la main de Sa Majesté !* »

A ces mots, tous ces vieux amiraux se levèrent respectueusement, comme si le roi eût été là, et Tourville lut cet ordre précis et court, *qui ordonnait de combattre l'ennemi fort ou faible, et quoi qu'il en pût arriver ;* signé *Louis.*

Après la lecture de cet ordre, un cri unanime de Vive le roi ! fut poussé par ces vieux marins avec un élan indicible. Il n'y avait plus de discussion, plus de délibération ; les moments pressaient; tous demandèrent à Tourville l'ordre du combat. « La manœuvre est simple, répondit-il : arriver vent arrière sur l'ennemi et le combattre. »

A ces mots, il serra la main à chaque officier général, qui s'empressa de se rendre à son poste.

A peine avaient-ils rallié leurs bords, que Tourville, au moyen de cette admirable langue de signaux qu'il a, pour ainsi dire, créée, tant il l'avait perfectionnée, disait à sa flotte : « Laissez arriver vent arrière sur l'ennemi, » et la flotte s'avança intrépidement contre la flotte anglo-hollandaise, qui l'attendait en panne.

Tourville était au corps de bataille; le marquis d'Infreville commandait la droite, et M. de Gabaret la gauche. Du côté des ennemis, l'amiral Russell commandait le corps de bataille; l'avant-garde ou la droite, composée de Hollandais, avait à sa tête le vicomte Allemonde; et l'arrière-garde était sous les ordres du chevalier Ashby.

L'armée française s'approcha de l'ennemi jusqu'à portée de pistolet sans tirer. A dix heures du matin, un coup de canon parti d'un vaisseau hollandais fut le signal d'un combat jusqu'alors sans exemple. A l'instant le feu devint

général des deux côtés; mais les efforts de l'armée alliée se dirigèrent principalement sur le
corps de bataille des Français. Tourville, en
homme supérieur, ne se laissa point intimider
par le nombre : il combina de telle manière ses
dispositions, que chacun de ses vaisseaux eut à
soutenir le choc de deux, et quelquefois même
celui de trois adversaires. Quant à lui, il répondit
si bien au feu de l'amiral Russell et de ses deux
matelots, tous trois vaisseaux de cent canons,
qu'il les fit plier deux fois. Les deux autres divisions combattaient aussi avec avantage; mais
leur principale occupation fut de conserver le
vent, manœuvre essentielle et qui sauva l'armée.
Les chances furent moins heureuses à l'arrière-
garde. Elle était éloignée du centre, lorsque
Tourville fit le signal de former la ligne de
bataille; cependant ses deux premières divisions
se trouvèrent en ligne quand le feu commença;
mais la troisième ne put jamais parvenir à
prendre son poste, en sorte qu'il se trouva un
grand intervalle entre l'arrière-garde et le corps
de bataille. Vingt-cinq vaisseaux anglais en profitèrent pour mettre Tourville entre deux feux.
Le vent, de favorable qu'il avait été à l'armée
française au commencement du combat, changea

tout à coup et lui devint contraire. L'amiral, qui
avait mouillé, pour résister au vent et au courant, soutenait toujours le combat avec la même
vigueur; il avait vu couler un vaisseau des alliés
sous son feu, un autre avait sauté en l'air; et ni
leur nombre, ni le vent qui les favorisait ne leur
avaient donné aucun avantage. Mais, lorsque les
Anglais l'eurent enveloppé, ils s'acharnèrent avec
une telle fureur sur lui et sur le marquis de Villette, qu'enfin ils les désemparèrent entièrement.
Plusieurs vaisseaux arrivèrent à leur secours, et
s'efforcèrent de diminuer le péril en le parta-
geant. Alors la chaleur du combat fut à son
comble; on faisait d'incroyables efforts du côté
des Français, et plusieurs capitaines donnèrent,
en cette circonstance, des preuves d'une valeur
héroïque.

Le feu continuait de part et d'autre avec acharnement, lorsqu'une brume épaisse vint suspendre
l'action. Dès que cette brume fut dissipée, le
combat recommença avec plus de fureur encore
à la clarté de la lune; les alliés s'attachèrent de
nouveau à Tourville et à Villette, et les mirent
tous deux dans un péril imminent. Dans le nombre des vaisseaux anglais qui avaient doublé le
corps de bataille, trois se trouvaient au vent de

Tourville, ayant derrière eux cinq brûlots. Ils les dirigèrent successivement sur son vaisseau et sur celui du marquis de Villette, au milieu d'une canonnade épouvantable; mais ils eurent l'un et l'autre le bonheur de s'en garantir. Enfin, les Anglais, las de la résistance opiniâtre qu'ils éprouvaient, prirent le parti de rejoindre le gros de leur armée, et osèrent passer à travers les intervalles des vaisseaux français; mais cette témérité leur coûta cher; car, dès qu'ils présentèrent le côté, ils furent criblés de coups, et on leur rendit avec usure le mal qu'ils avaient fait.

Cette dernière action termina le combat; il était alors dix heures du soir. La perte en hommes fut à peu près égale de part et d'autre, et les vaisseaux des alliés furent aussi maltraités que ceux des Français; car, outre les deux qu'ils perdirent dans le combat, deux autres coulèrent en se rendant en Angleterre. Il ne restait plus à Tourville que de pouvoir faire une heureuse retraite pour égaler son bonheur à la gloire qu'il venait d'acquérir par son héroïque défense; mais il se trouvait trop éloigné des ports où il eût pu relâcher, et les suites d'un combat si glorieux furent on ne peut plus désastreuses.

A une heure du matin, il fit le signal d'appa-

reiller et mit à la voile; mais, le brouillard ajou-
tant à l'obscurité de la nuit, les signaux ne furent
pas distingués, et huit vaisseaux seulement suivirent sa manœuvre. A sept heures, trente-cinq
avaient rallié; des neuf autres, six s'étaient dirigés sur la Hogue, et trois sur le port de Brest.
Vers huit heures, Tourville se trouvait à une
lieue au vent de l'armée ennemie, et cette avance
lui aurait suffi pour se dérober à sa poursuite, si *le
Soleil-Royal,* qu'il montait et qui était totalement
désemparé, n'eût retardé la marche. Il fut donc
obligé de mouiller par le travers de Cherbourg.
A onze heures du soir, il leva l'ancre et se dirigea
sur le raz Blanchard (1), pour profiter des vents
et des courants, et par ce moyen devancer l'armée ennemie. Le lendemain, à cinq heures du
matin, il s'en trouvait à environ quatre lieues:
vingt-deux vaisseaux passèrent heureusement le
raz, et lui-même n'en était plus qu'à une portée
de canon, lorsque, la marée qui descendait venant à manquer, il fut contraint de mouiller.
Malheureusement ses ancres chassèrent, il dé-
riva et se trouva bientôt sous le vent de l'armée

(1) Le raz Blanchard est un canal formé par la côte du Cotentin, depuis le cap de la Hogue jusqu'à Flamenville, et par les
îles d'Origny et de Guernesey.

ennemie. Alors il prit le parti de faire entrer à Cherbourg *le Soleil-Royal, l'Admirable* et *le Triomphant,* qui étaient les plus avariés, et avec les dix qui lui restaient il mit le cap sur la Hogue.

L'armée alliée s'était partagée en trois corps : le premier, de quarante vaisseaux, s'attacha à la poursuite du comte de Tourville; le second, de dix-sept, se tint en observation vis-à-vis Cherbourg; le troisième donna la chasse aux vaisseaux qui se dirigeaient sur Saint-Malo; mais ceux-ci, ayant beaucoup d'avance sur l'ennemi, parvinrent à se mettre en sûreté. Ceux qui bloquaient Cherbourg tentèrent en vain de s'emparer des trois vaisseaux qui voulaient y entrer; mais ils les forcèrent à s'échouer et à s'incendier. Les quarante vaisseaux qui formaient le premier corps de bataille ennemi arrivèrent à la hauteur de la Hogue presque en même temps que le comte de Tourville, et ils l'y bloquèrent, ainsi que deux autres vaisseaux qui l'avaient rallié dans sa route. Comme il n'y avait point alors de forts ni de batteries pour protéger ces vaisseaux, et que la position dans laquelle ils se trouvaient ne pouvait être longtemps tenable, il fut résolu qu'on y mettrait le feu, après les avoir dégréés et désarmés. Aussitôt on les fit échouer, et l'on commença à en retirer les canons et les agrès; mais on manquait d'embarcations propres à cette opération, et elle ne put être que lente et difficile. On y travaillait cependant avec ardeur, lorsque l'ennemi mit à la mer deux cents chaloupes armées, qui forcèrent les travailleurs à se retirer, et brûlèrent les douze vaisseaux échoués.

Tels furent les résultats d'une action dont le commencement avait été si heureux, et qui, malgré son issue, n'en est pas moins glorieuse pour la marine française. La réputation du comte de Tourville, loin de souffrir d'un échec dont la cause ne pouvait lui être attribuée, acquit, au contraire, un nouveau lustre. L'amiral Russell lui écrivit pour le féliciter sur l'extrême bravoure qu'il avait montrée en l'attaquant avec des forces aussi inférieures et en soutenant avec tant de vaillance un combat aussi inégal. Le duc de Vendôme, appréciateur éclairé de la valeur, écrivit au comte de Tourville, que « bien des généraux, « en remportant la victoire, n'avaient point ac- « quis autant de réputation que lui en la per- « dant. »

Le roi lui rendit la même justice. Quand il apprit la perte de ses vaisseaux, il demanda :

Tourville est-il sauvé? car pour des vaisseaux, on en peut trouver; mais on ne trouverait pas aisément un officier comme lui.

Il se souvint toujours que Tourville n'avait donné cette bataille que par obéissance à ses ordres; car, étant un jour au balcon à Versailles, et le voyant passer, il dit au maréchal de Villeroi : « Voilà un homme qui m'a obéi à la Hogue. »

Pour prouver en quelque sorte que la malheureuse issue du combat de la Hogue n'avait en rien diminué la bonne opinion qu'il avait de Tourville, Louis XIV le comprit dans la première promotion de maréchaux de France, qu'il fit le 27 mars 1693. Écoutons Saint-Simon raconter, avec sa causticité mordante, l'effet produit par cette promotion sur quelques-uns des nouveaux élus. « J'étais, dit-il, à Versailles, le vendredi 27 mars; le roi fit maréchaux de France le comte de Choiseul, le duc de Villeroy, le marquis de Joyeuse, Tourville, le duc de Noailles, le marquis de Boufflers et Catinat. La joie du duc de Noailles ne peut s'exprimer, et il avait plus de raison d'être aise que pas un autre. L'engouement de Villeroy dura plusieurs années. Quant à Tourville, il fut d'autant plus transporté que *sa véritable modestie lui cachait sa propre réputation, et qu'il n'imaginait pas même d'être maréchal de France, si on en faisait, quoiqu'il le méritât autant qu'aucun d'eux, pour le moins, de l'aveu général* (1).»

On conçoit aisément que le nouveau maréchal brûlât du désir de prendre sa revanche du désastre de la Hogue. Il en trouva l'occasion la même année : le roi lui confia le commandement de soixante-onze vaisseaux, destinés à intercepter un riche convoi de bâtiments anglais et hollandais chargés pour Cadix, l'Italie et Smyrne. Partie de Brest le 26 mai 1693, l'armée arriva le 4 juin à la hauteur du cap Saint-Vincent, et alla mouiller dans la baie de Lagos, pour attendre le passage du convoi. Le 27 au soir, les navires *éclaireurs* signalèrent la flotte ennemie, escortée par vingt-sept vaisseaux de ligne. Le maréchal fit aussitôt le signal d'appareiller et de chasser; mais l'avant-garde ne put s'emparer que de deux bâtiments hollandais. La nuit fut employée à manœuvrer pour gagner le vent, et mettre le convoi entre la terre et la mer. En effet, le 28 au matin, la flotte ennemie se trouva cernée entiè-

(1) *Mémoires du duc de Saint-Simon*, t. Iᵉʳ, chap. vi.

rement. Alors le feu commença, et en peu d'heures vingt-sept bâtiments, tant de guerre que de commerce, furent pris, et quarante-cinq brûlés. On se mit ensuite à la poursuite de ceux qui étaient parvenus à s'échapper : cinq vaisseaux anglais et neuf bâtiments marchands furent encore brûlés ou coulés. Les alliés perdirent plus de quatre-vingts bâtiments dans cette expédition, et l'on estima leur perte à plus de trente millions.

Tourville se présenta, le 19 juillet suivant, devant Malaga, y brûla deux vaisseaux anglais et trois corsaires, quoiqu'ils fussent protégés par les forts, et rentra triomphant à Toulon.

Depuis cette époque, jusqu'à la paix de Ryswick, en 1697, il fit encore quelques expéditions pour protéger les côtes de Provence et les purger des nombreux corsaires qui les infestaient; mais, sa santé se trouvant affaiblie par suite des fatigues qu'il avait éprouvées, il se vit forcé d'abandonner entièrement le service de mer, et revint à Paris, où il mourut le 28 mai 1701.

Louis XIV témoigna beaucoup de regrets de la mort du maréchal de Tourville, et, en effet, la marine faisait en lui une perte irréparable; car, au dire des Anglais et des Hollandais eux-mêmes, et cet éloge ne saurait être suspect dans leur

bouche : « Tourville était le premier homme de
mer du siècle. »

Il ne laissa qu'un fils, Louis - Hilarion comte
de Tourville, colonel d'infanterie, qui fut tué à
la bataille de Denain, en 1712.

FIN

TABLE

Tours. — Impr. MAME.

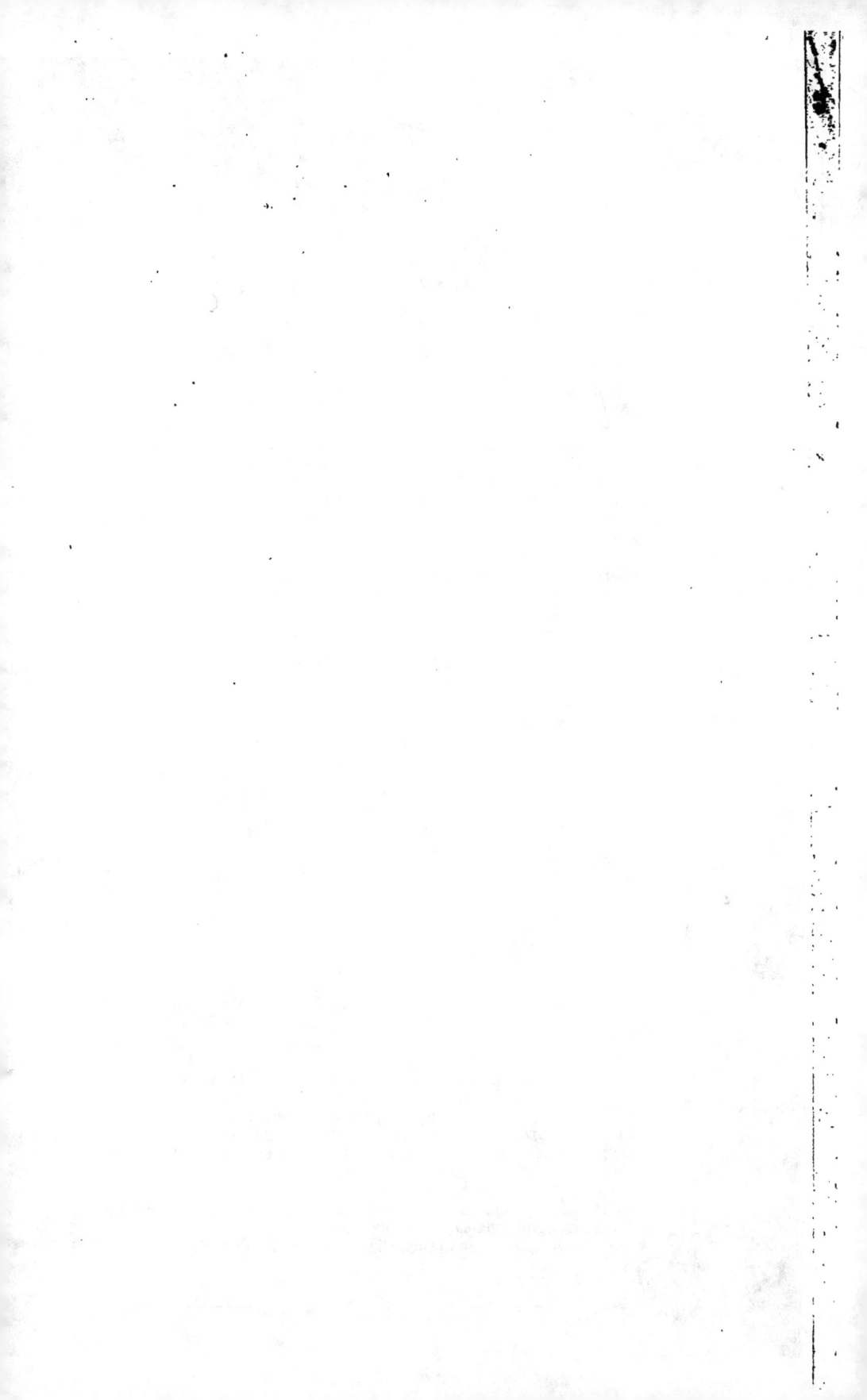

BIBLIOTHÈQUE

DE LA

JEUNESSE CHRÉTIENNE

FORMAT IN-8° — 3ᵉ SÉRIE

Tours — Impr. Mame

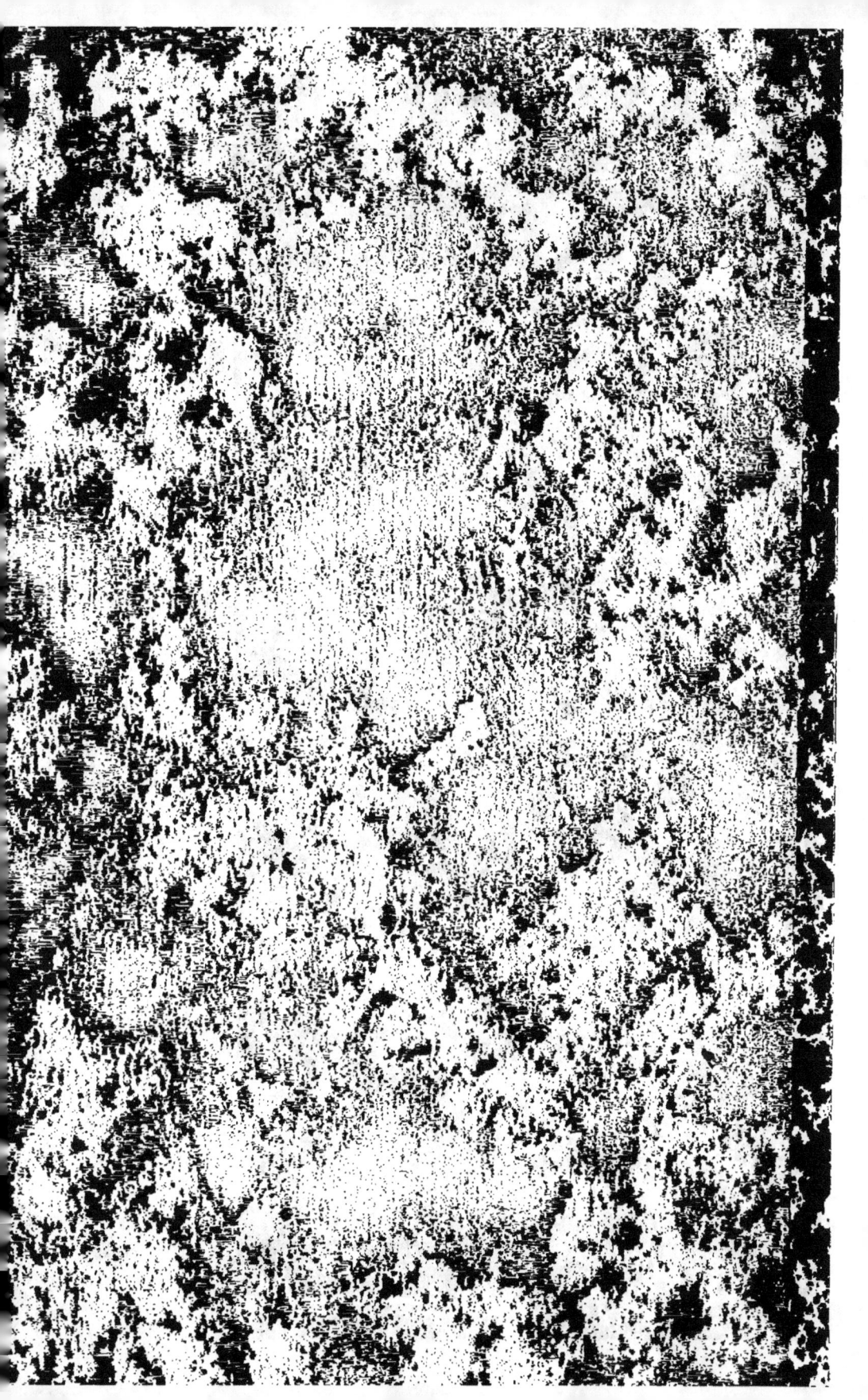

www.ingramcontent.com/pod-product-compliance
Lightning Source LLC
Chambersburg PA
CBHW072219270326
41930CB00010B/1921